北京市社会科学基金项目
项目编号：15FXC037
项目名称：传统村落古建筑保护中的私权限制及其补偿

# 传统村落古建筑保护中的私权限制及其补偿

杨长更 著

中国建材工业出版社

**图书在版编目(CIP)数据**

传统村落古建筑保护中的私权限制及其补偿/杨长更著．--北京：中国建材工业出版社，2022.6

ISBN 978-7-5160-3299-2

Ⅰ.①传… Ⅱ.①杨… Ⅲ.①村落－古建筑－私法－研究－中国②村落－古建筑－保护－补偿－研究－中国 Ⅳ.①D922.164②TU-87

中国版本图书馆 CIP 数据核字（2021）第 183387 号

**内容提要**

本书属于文物保护法与物权法的交叉研究，尝试采用公法与私法互动融合的视角，探究文物保护的私法前提，以私权保护推动文物保护公益的实现。

本书针对传统村落古建筑保护类法律限制私权却未能给予合理补偿的问题展开研究，论证了补偿的正当性，并探讨了补偿的具体方式。我国现行法律片面强调古建筑所有权人的公法义务而忽略对古建筑所有权人的合理补偿，从而引发所有权人的抵触心理与对立行为，进而影响到古建筑保护。本书作者认为，古建筑保护类法律剥夺了农民依据《中华人民共和国民法典》享有的通过拆旧建新改善居住条件的权利，构成公法上的管制性征收，政府应当对因为保护古建筑而承受特别牺牲的古建筑所有权人给予合理补偿。补偿可以采用各种灵活的方式，既包括货币补偿、宅基地置换等直接补偿方式，也包括允许古建筑流转和开发利用等间接方式。

本书适用于法学类与文物保护类专业的学生阅读学习，对文物保护界专业人士具有一定的参考价值。

**传统村落古建筑保护中的私权限制及其补偿**

Chuantong Cunluo Gujianzhu Baohuzhong de Siquan Xianzhijiqi Buchang

杨长更　著

出版发行：中国建材工业出版社

地　　址：北京市海淀区三里河路 11 号

邮　　编：100831

经　　销：全国各地新华书店

印　　刷：北京印刷集团有限责任公司

开　　本：787mm×1092mm　1/16

印　　张：9.75

字　　数：220 千字

版　　次：2022 年 6 月第 1 版

印　　次：2022 年 6 月第 1 次

**定　　价：88.00 元**

---

**本社网址：www.jccbs.com，微信公众号：zgjcgycbs**

**请选用正版图书，采购、销售盗版图书属违法行为**

# 作者简介

杨长更，男，中国人民大学民商法博士（2014 年），德州圣玛丽大学访问学者（2012—2013 年），北京建筑大学教师（2014 年至今），主要研究民法、工程法与建筑遗产保护法；主持北京市社会科学基金项目“传统村落古建筑保护中的私权限制及其补偿”（项目编号：15FXC037）；参与撰写张新宝教授主编《精神损害赔偿制度研究》，修订翻译文森特·R. 约翰逊教授《美国侵权法》（第 5 版），发表《美国侵权法上的死亡赔偿制度》《“三权分置”改革背景下农村房屋的有条件转让》等数篇文章。

# 前言 Preface

自 2012 年以来，住房城乡建设部、文化部（现文化和旅游部）以及财政部等相关部门先后公布 5 个批次共计 6819 个村落为国家重点保护的传统村落，传统村落古建筑的保护由此如火如荼地展开。

一如其他非国有不可移动文物的保护，传统村落古建筑保护同样涉及古建筑所有者的私人利益与古建筑作为文化遗产所蕴含的公共利益之间的协调问题。为达到保护古建筑的目的，相关法律规范不得不对古建筑所有权施加限制：(1) 所有人对古建筑负有保护义务，不得损毁、拆除古建筑，甚至不得对古建筑进行改建、扩建；(2) 所有人对古建筑负有修缮义务，往往要自己承担相关费用。此种看似合理的制度设计在我国农村遭遇巨大挑战：作为古建筑所有人的农民，一方面缺乏财力修缮、维护古建筑，另一方面基于改善居住条件的需要迫切渴望拆旧建新。正是这种古建筑作为历史文化遗产的公益价值与古建筑作为农民住房的私人所有权之间存在的激烈冲突造成了传统村落古建筑保护的现实困境。

传统村落古建筑保护中公共利益与私人权益之间的冲突，其症结在于我国古建筑保护类法律规范单方面强调古建筑所有权人的公法义务，而忽略了保护古建筑对古建筑所有权人合法权益所造成的损害及其相应补偿，从而引发古建筑所有权人对传统村落古建筑保护的抵触心理与对立行为，进而影响到古建筑保护的预期目标实现。从私法角度来说，传统村落古建筑属于农民所有或者集体所有的农村房屋，所有权人依照《中华人民共和国民法典》规定享有对农村房屋进行拆旧建新的权利，而古建筑保护类法律剥夺了古建筑所有权人对古建筑进行拆旧建新的权利。自法理言之，现行法律对古建筑所有权的严重限制构成公法上的管制性征收，政府应当对保护古建筑而承受特别牺牲的古建筑所有权人给予合理的补偿。

基于上述思路，本书对传统村落古建筑保护中的私权限制及其补偿问题展开研究，论证补偿的正当性，探索补偿的可行性，以求实现古建筑保护中公共利益与私人权益的平衡。考虑到传统村落古建筑属于农村房屋的私权属性，传统村落古建筑所受事实处分限制的强度以及可能的补偿方式，只有置于农村房屋以及相应宅基地使用权的框架内才能妥当把握。作为一项建筑遗产保护法与物权法的综合研究，本书从界定传统村落古建筑的私权规范内容开始，然后分析基于古建筑保护公益目的对古建筑施加的各种公法限制，进而论证对古建筑所有权人进行补偿的正当性，最后探索对古建筑所有权人进行补偿的具体方法。

相对于既有研究，本书的特色主要体现在六个方面：

第一，本书将传统村落古建筑保护置于我国农村房屋与宅基地制度的大背景下进行研究，明确了传统村落古建筑作为农村房屋的基本属性，凸显了古建筑所有权人原本享有的对古建筑进行事实处分（尤其是拆旧建新）的权利，有助于理解古建筑保护类法律限制所有权人拆除古建筑对农民合法权益造成的损害，也有利于把握农村古建筑难以流转的法律障碍。与都市地区的商品房不同，农民房屋的核心价值在于房屋所附着的宅基地使用权，农村房屋及其宅基地使用权的主要利用方式是拆旧建新，通过拆除破旧的房屋建造小洋楼来改善居住条件。但是，古建筑保护类法律普遍禁止拆旧建新，《中华人民共和国文物保护法》甚至禁止对古建筑进行改造，这些法律规定严重限制了农民依照《中华人民共和国民法典》对古建筑享有的物权，形成对古建筑所有权人的管制性征收，应当对古建筑所有人进行补偿。农村房屋的另外一个特点是不能自由流转，特别是不能转让给城镇居民，这也影响到了古建筑的自由流转与保护。

第二，本书详细梳理了当代中国对传统村落古建筑进行保护的法律体系，并具体分析了不同古建筑（文物建筑、历史建筑与传统风貌建筑）所受到的不同的事实处分（房屋改造）限制，明确对文物建筑之外的古建筑进行改造利用的法律空间。传统村落中数量众多的古建筑，其法律属性并不相同，有些属于受《中华人民共和国文物保护法》保护的文物建筑，有些属于受《中华人民共和国历史文化名城名镇名村保护条例》等法规保护的历史建筑，有些属于受国家部委关于传统村落保护的中央文件以及各地传统村落保护类地方性法规保护的传统风貌建筑。不同法律属性的古建筑，其所受的公法限制（特别是事实处分限制）并不相同。文物建筑的修缮、保养，都需要遵守“不改变文物原状”的原则，对文物建筑进行改造的空间几乎不存在，想要拆除重建更是根本不可能。相比之下，历史建筑以及传统风貌建筑的改造利用空间要大很多，在不影响传统建筑的结构安全并保持建筑外形及传统风貌不变的情况下，可以对传统建筑进行合理的改造，外部装饰、添加设施以及内部结构与使用性能的改变都是被允许的，只是历史建筑改造要受到政府部门监督而已。当然，除了事实处分限制方面的区别，不同古建筑在修缮维护方面的具体标准与审批流程也不相同，文物建筑的修缮严格要求“原材料、原工艺”，历史建筑与传统风貌建筑的修缮主要是保持建筑形态与历史风貌不变。从法律规范的逻辑来说，不同古建筑受到的公法限制不同，其所对应的补偿标准乃至补偿方式也会有所不同。

第三，本书从私权限制与补偿的一般理论、古建筑保护中权利与义务的平衡以及古建筑保护法律变迁等多个角度充分论证了对传统村落古建筑所有权人进行补偿的正当性。本书认为，古建筑作为私有公物的法律属性本身蕴含着公共利益与私人权益的平衡，基于保护古建筑的需要而限制所有权人拆旧建新，构成一种管制性征收，需要针对古建筑所有权人为保护古建筑而作出的特别牺牲进行补偿。从我国社会的客观情况来看，传统村落的农民普遍缺乏必要的文化修养去欣赏古建筑，也没有足够的闲情逸致去欣赏古建筑，古建筑巨大的历史价值与文化价值是绝大多数居住在老旧房屋中的农民感受不到的。严格来说，传统村落古建筑的所有权人从古建筑保护中所获得的好处相当有限，而保护古建筑的成本几乎完全由古建筑所有权人承担，这样一种权利与义务之间的极度失衡是造成传统村落古建筑保护陷入困境的根本原因。我国文物保护法制历来强调古建筑的所有权人对修缮、维护文物所负有的根本义务，却很少关注所有权人受到限制的基本权利，很少考虑对古建筑所有权人的合法权益受损进行补偿，显然不利于古建筑保护中公共利益与私人利益的平衡，最终也达不到保护古建筑的良好效果。所以，未来建筑遗产保护法制的完善，必须从承认古建筑所有权人的合法权益出发，通过对古建筑所有权人进行补偿来兼顾公益与私权，实现古建筑保护的良性平衡。

第四，针对传统村落古建筑保护中农民改善居住条件的需要与古建筑不能拆旧建新之间的矛盾，本书尝试采用宅基地置换或者货币补偿等方式予以解决。无论是文物建筑还是历史建筑或者传统风貌建筑，其最低限度的保护要求就是不能毁损、拆除古建筑，但是农民改善居住条件最基本的方式就是拆除古建筑从而建造新房屋，两种要求之间针锋相对、无法调和。破解之道在于解除古建筑与农民之间的捆绑关系，通过宅基地置换或者货币补偿等方式另外解决农民的住房保障问题，而农民的古建筑所有权可以协议归属村集体或者国家。这样，既保全了古建筑，又改善了农民的居住条件，互不影响，彼此成全。考虑到传统村落数量有限，村落中古建筑所占面积并不大，即使对所有的古建筑都实行宅地基置换，也不需要占用太多的耕地面积，利用村落周边空地或者少许农用地就足以解决全部问题。实践中，还可以通过货币补偿等方式帮助农民在周边城镇购买房屋以解决住房保障问题。至于一些长期空置的古建筑，所有权人本身并无拆旧建新的需要，通过对所有权人给予部分货币补偿以平衡其公法负担就可以实现公私兼顾。所以，通过宅基地置换或者货币补偿等方式解决古建筑保护与拆旧建新之间的矛盾，具有合理性与可行性，实践中已经被苏州、台州等地的成功经验所证明，值得推广。

第五，针对传统村落中农民无力修缮古建筑、无法利用古建筑的窘境，本书建议通过开放古建筑的上市交易来盘活古建筑，引入社会资本保护和利用古建筑。基于传统村落古建筑属于农村房屋的属性，古建筑无法进行自由交易，尤其是不能转让给城镇居民，从而将许多有财力修缮古建筑、有文化欣赏古建筑、有条件利用古建筑的人挡在了古建筑保护之外，这显然不利于古建筑的保护。与古建筑的转让相比，出租这种现行法所认可的方式对古建筑潜在买家的吸引力比较有限，至于捐赠、认领等方式更多的是道德倡导而缺乏利益激励。古今中外的历史一再证明，保护古建筑最好的法律形式还是允许古建筑自由转让。在当前我国农村宅基地“三权分置”改革的大背景下，许多试点区域的农村房屋与宅基地使用权已经允许有条件的转让，在法律政策层面完全放开古建筑这种特殊类型的农村房屋的转让完全可行。许多古建筑的所有权人定居都市或者另建新房，长期闲置的古建筑并没有发挥保障农民居住条件的功能，允许闲置的古建筑转让并不会损害农民的住房保障。对于一些仍然有大量人口居住的古建筑来说，古建筑的原样保持与农民拆旧建新的需求之间已经不可调和，通过宅基地置换可以解决农民的住房保障问题，同时农民也可以将古建筑协商归村集体或者国家，再由村集体或者国家将古建筑上市流转。总之，因为传统村落的古建筑已经不需要发挥农民的住房保障功能（闲置古建筑）或者几乎无法发挥农民的住房保障功能（需要置换的古建筑），允许古建筑自由流转不会影响农民的居住保障和农村社会的安定局面。我国一些地方（如苏州）已经放开古建筑的自由转让，取得了良好的社会效果，未来应当在国家层面完全放开古建筑的自由转让。

第六，针对解除农民与古建筑的绑定关系容易加剧传统村落“空心化”的顾虑，本书认为这样的担忧不能成立；相反，古建筑宅基地置换以及古建筑流转在很大程度上可以促进传统村落的更新与复苏。理想的传统村落状态是“见人见物见生活”，这里的生活并不一定是凝固不变的传统农业文明的生活，也可以是现代化乡村中传统与现代和谐共处的美好新生活。古建筑宅基地置换解决了传统村落里农民的居住保障问题，古建筑流转又为传统村落的有机更新引来了源头活水，购买或者租赁古建筑的新村民对古建筑的保护和利用为村中农民对古建筑的利用树立了榜样，可以不断吸引更多的力量投入传统村落的建设与古建筑的保护利用中，从而形成一个良性循环，最终让古建筑中在合理利用中得到了更好的保护。

本书是北京市社会科学基金项目“传统村落古建筑保护中的私权限制及其补偿”（项目编号：15FXC037）的阶段性成果。限于时间和精力，不少论题未能充分展开。本书的出版，为自己提供了一个对既往零星、分散的研究进行系统总结的机会，仿佛竹子结节，未来继续成长。感谢一路上帮助、鼓励的老师和朋友们。传统民法理论博大精深，征收征用的探讨方兴未艾，建筑遗产保护法的法教义学构建有待继续挖掘。本书作为相关领域的一个小小尝试，努力将既有研究向前推动一点点。学殖未深，所论难免有粗疏和不足之处，恳请读者不吝赐教，来函请发送至 lushanpaul@163. com。

杨长更

2021 年 12 月

# 目录 Contents

# 导论

# 传统村落古建筑保护中的公益与私权

## 一、传统村落古建筑保护的困境

进入21世纪以来，随着我国社会经济发展，每天有大约300个村落消失在城镇化、都市化的历史洪流之中。[①] 作为中华民族传统文明的物质载体，绝大多数村落将随着我国社会工业化、都市化、现代化的完成而消失，留给后人的只是农业时代的文化乡愁。许多年以后，也许我们只能在《了不起的村落》《记住乡愁》等纪录片中看到往昔村庄的模样。

面对这样一种不可逆转的发展趋势，有选择地保留一些重要村落，特别是代表我国传统文化的古村落无疑具有重大的历史意义与文化意义。整体上看，当代中国的古村落保护主要沿着四条路径推进[②]：（1）文物保护方向，将一些具有重大历史价值和文化价值的故居或者建筑群列为文物保护单位，例如四川马尔康市的卓克基土司官寨（长征途中毛泽东暂居地）和山西襄汾县丁村民宅早在1988年就被列入第三批全国重点文物保护单位，21世纪后则有更多的古村落建筑群被列入全国重点文物保护单位，如安徽黟县的“宏村古建筑群”“西递古建筑群”、安徽泾县的“黄田村古建筑群”、湖南岳阳“张谷英村古建筑群”、陕西韩城的“党家村古建筑群”、北京门头沟的“爨底下村古建筑群”等。（2）历史文化名村方向，适用《历史文化名城名镇名村保护条例》来保护某些重要的古村落。自2003年起，建设部（现为住房城乡建设部）会同国家文物局先后公布了7个批次的国家级历史文化名村，共487个。此外，许多省份都公布了省级历史文化名村，甚至还有县级历史文化名村（比如松阳）。（3）传统村落保护方向，以中国传统村落与省级传统村落的名义进行保护。自2012年以来，住房城乡建设部、文化部（现文化旅游部）以及财政部先后公布了5个批次，共计6819个村落为国家重点保护的传统村落，此外还有数量众多的省级传统村落乃至市级、县级传统村落。（4）世界文化遗产方向，个别村落，如安徽西递—宏村，开平碉堡，福建土楼被列入世界文化遗产。

上述针对古村落的种种文化遗产保护路径对于保护古村落的整体格局和乡土古建筑具有重大意义。不过，各类传统村落的古建筑保护依然面临着严峻的形势：许多古

① 参见《京华时报》2014年1月12日报道《国务院发展研究中心：古村落数量每天消失300个》。村落消失的统计口径不完全统一，以行政村计算，每天大约消失100个；以自然村计算，每天消失300个。自2014年以来，并无村落消失的官方统计数字，考虑到各地推行的合村并居、土地置换等各种改革，自然村消失的速度只会更快。2000年，我国有村落360万个，2010年减少到270万个，2015年时有230万个，如今可能不到200万个。

② 参见薛林平《建筑遗产保护概论》（第二版），中国建筑工业出版社，2017年，第233-234页。

建筑年久失修、濒临坍塌，也有不少古建筑直接被村民破坏、拆除，村庄保护范围内私搭乱建、破坏传统格局和历史风貌等现象也很多。面对如此局面，许多文物保护专家自然是痛心疾首，然而复杂、冰冷的社会现实也让人们感到无奈[①]。在我国乡土社会变迁的时代大潮中，保护传统村落古建筑的呼声太弱小了，保护古建筑的力量太有限了。按照罗德胤的测算，假如要保护 5000 个传统村落，至少需要 2500 亿元的修缮经费外加每年 150 亿元的维护费用，而国家文物局每年的资金只有 500 多亿元，保护全国重点文物保护单位尚且不够，又有多少资金留给传统村落呢[②]？按照目前的标准，中央财政给每个中国传统村落划拨 300 万元补助，客观上说确实是很大一笔钱了，但对于乡村建设与遗产保护而言仍然是杯水车薪，300 万元补助中的多数用于新农村建设，改善基本的民生条件，剩余的钱根本不够维修古建筑。也许是因为目睹了太多的艰辛与无奈，李华东干脆认为绝大多数传统村落的衰败、消亡终究不可避免，即使没有人去破坏，那些遍布偏远山区的传统村落老房子依然会在日后毁损倒塌。[③] 理论上说，无论对于个人还是国家，“用钱能解决的事儿，那都不叫事儿”，但问题是真的没钱。所以，传统村落保护总是在需要用很多钱支撑的理想与只有很少一点钱的现实之间挣扎。

在财力有限的硬约束条件下，既要保护传统村落的古建筑，又要让传统村落的村民过上幸福的生活，两个目标之间自然存在“保护与发展”之间的矛盾与对立，其中关键在于协调保护古建筑的公共利益与古建筑所有权人追求幸福生活的私人权益之间的关系。

## 二、传统村落古建筑保护中公益与私权的冲突

文物保护艰难，不可移动的建筑文物保护尤其艰难，传统村落中的古建筑保护相对于都市里的古建筑保护则是难上加难。其根本原因在于我国乡土社会的变迁使得传统村落古建筑的实用功能与审美功能之间产生了偏离乃至对立，传统社会中人与房屋之间的和谐共生关系被新的社会发展打破，其结果是维护修缮古建筑的费用极高而保留古建筑对于古建筑所有权人的利用价值又极小，各种矛盾冲突都由此引发。以下重点分析古建筑所有权人“拆旧建新”的客观需求和无力修缮老房子的困境。

### （一）农民改善居住条件的需要与古建筑保护之间的矛盾

古建筑保护的相对静态追求与人类活动的动态本质之间存在永恒的矛盾。对于古建筑保护的目标而言，专家学者更愿意古建筑停止在最好的时代并保持原始的状态，特别

① 老一代文保专家如陈志华、阮仪三往往对传统村落的破败伤心伤肺，新一代的传统村落研究者如罗德胤、李华东似乎平和理性了很多，也可能是农村社会几十年沧桑巨变更让人无话可说吧。

② 参见罗德胤：《哑铃社会与乡村遗产》，首发于知乎问答“规划论衡”。https：//zhuanlan. zhihu. com/p/28062155? utm _ source＝zhihu，最后访问日期：2020 年 12 月 18 日。

③ 参见李华东：《传统村落空心化：在失去中，我们能得到什么（一）》，载微信公众号“Chinese Villages”，2020 年 10 月 25 日，最后访问日期：2020 年 12 月 18 日。该文中，李华东提出一个天马行空的畅想：假如每个传统村落可以投入 3 个亿进行环境修复、基础设施建设与公共服务提升，每栋老房子可以得到 300 万元的修缮维护费用，每个按照传统方式生产和生活的村民每月可以得到 1 万元补助，人们所期待的传统村落的“活保护”“原汁原味”“修旧如旧”就能够实现。问题是：没钱。

希望不被近代文明乃至现代文明破坏，“修旧如旧”的宗旨正是如此[①]。但对于古建筑中的居住者，特别是古村落农民而言，为了改善自身居住条件从而对古建筑进行改建、重建的需求则是无比强烈而持久。其中原因众多，以下四个方面值得特别关注：(1) 古建筑与现代经济、生活之间的矛盾。古建筑适应古代农耕文明与乡土社会而存在，其布局结构与现代经济活动和社会生活差距较大，很难在不改变房屋结构的情况下使古建筑符合现代居住需求，如大型收割机、汽车等物件难以安放，各种家电、家具在狭小的古建筑房间内也使用不便，在古建筑中使用暖气、空调、抽水马桶、热水器等现代生活必备的物件对古建筑保护也多有不利影响。(2) 古建筑内居住人口增加与古建筑面积有限之间的矛盾。经典古建筑往往由古代官绅富商所建，一家人居住使用相对宽敞；而如今不少古建筑由多个家庭共享，众多人口拥挤在狭小昏暗、阴冷潮湿的空间之内生活艰难，十分渴望拆除古建筑以便建造多层楼房以获得更大的建筑空间。(3) 修缮古建筑的高昂费用与新建房屋的相对廉价之间的矛盾。古建筑珍贵而脆弱，维修保养不易，花费巨大，少则数十万元，多则数百万元；而建造宽敞漂亮的现代楼房所需代价相对低廉，保护古建筑在经济上通常不划算。(4) 古建筑的精致娇贵与现有居住者之间的矛盾。俗话说，“富不过三代”，精美的古建筑乃是富有的先人用钱堆成，需要继续用钱保养，数百年后，家族衰落，现有的居住者显然无力供养曾经的“豪宅”，拆掉古建筑以建造新房屋乃是他的理性选择。所以，站在农民的立场上，他有万千理由来拆掉古建筑以建造新房屋，“拆旧建新”乃是其现实追求，“修旧如旧”只能是梦里家山。

在国家推动城镇化、建设新农村如火如荼之际，绝大多数农民的终极梦想是住进小洋楼、过上好生活。依照《中华人民共和国土地管理法》和《中华人民共和国民法典》的规定，每个农民都有在自己的宅基地上建造房屋的权利，传统村落的农民不能因为住在古建筑里而被剥夺建造新房的权利。但是为了保护文物，《中华人民共和国文物保护法》特别规定不能破坏、拆除古建筑，因而涉及改变古建筑外观的改建、扩建、重建都是被绝对禁止的，甚至不少地方性法规，如《安徽省皖南古民居保护条例》特别规定，在古建筑集中的传统村落中新建房屋需要经过当地文物保护部门批准，而地方文物保护部门通常禁止在传统村落新建现代建筑。曾经和谐共处的建筑与人之间变得水火不容，保护古建筑要求建筑静止不动，而保障农民权益又认为农民有权建造房屋。在遍布中国的传统村落中，建筑与人的冲突成为当地社会的主要矛盾之一，要么农民被古建筑压制，被迫住在狭小破旧的古建筑之内；要么农民违反法律而拆旧建新，祖先留下的珍贵建筑毁在后人自己手中[②]。无论何种情形，都令人扼腕叹息。

**（二）古建筑保护的巨额费用与所有者财力不足之间的矛盾**

众所周知，保护古建筑耗费巨大，使用原材料、原工艺修旧如旧需要数十万元乃至

---

① 文物保护中的“原真性”“真实性”原则，乃是充满歧义的迷宫，参见张成渝：《“真实性”和“原真性”辨析》，载《建筑时报》2010年第S2期。针对“修旧如旧”的说法，学界向来存在争议，1964年《威尼斯宪章》特别强调文物修复的可识别性与可复原性，以最大限度地尊重历史，防止后来的修复混同于历史原貌。所谓“修旧如旧”是相对于大拆大建的“修旧如新”而言的，其核心追求在于“远看一致（保持风貌），近看有别（保留历史）”。

② 2011年，浙江兰溪芝堰村村民陈某，为了儿子结婚建房，不顾文物局人员劝阻，将其年久失修的祖宅（全国重点文物保护单位）强行拆除，2013年陈某被兰溪市人民法院认定构成故意损毁文物罪，判处有期徒刑2年、缓刑3年，引发巨大的社会争议。

数百万元。我国传统村落中的古建筑因为多是砖木结构，木料易腐，平均每二三十年便需要大修一次。因为修缮成本高昂，古建筑所有权的享有并非一件轻松美妙之事，即便是发达国家，许多古建筑免费出售也是无人问津。在我国，《中华人民共和国文物保护法》第 21 条第 1 款明确规定不可移动文物由所有者负责修缮、保养，所有者不具备修缮能力的，当地政府应当给予帮助。对于传统村落中的农民而言，其年收入通常只有几万元，根本无力负担修缮古建筑的高昂费用，纵是简单维修，也难以做到原材料、原工艺，许多时候只能任凭古建筑自然毁坏、坍塌。

事实上，修缮古建筑的高昂费用不仅农民难以承受，当地政府乃至国家都是难以承受。许多乡镇有几处传统村落，许多市县有数十处传统村落，每修缮一个村落至少花费数千万元，地方财力根本无力负担。对于整个国家而言，已经公布的传统村落中的古建筑修缮维护即需要花费千亿元，实为中央财政难以承受之重。虽然十多年来我国各级政府的财政收入增长较快，但教育、医疗、基础建设等各方面的缺口惊人，政府不可能将太多经费投向古建筑保护。于是，本应当对所有古建筑进行充分保护的宏伟蓝图根本无法落实，最终只能对个别村落的古建筑进行比较充分的保护，而许多同类型村落的古建筑只能听天由命。

值得注意的是，农民改善居住条件的需要与古建筑保护之间的矛盾同样影响了古建筑保护资金的使用。许多省市专门公布了古建筑维护资金申请使用的方案，对农民修缮维护古建筑提供无偿的经费支持，但是申请者寥寥。一方面，政府补贴只是部分补贴而非全部补贴，农民自己仍然需要承担数额巨大的修缮费用；另一方面，农民希望改建、重建古建筑以改善居住条件的愿望无法通过修缮古建筑得以实现，故申请修缮补贴的动力不足。

## 三、传统村落古建筑保护中公益与私权的共生

当然，传统村落中的古建筑和住户之间并非永远都是尖锐的矛盾关系，某些情况下，两者之间也可以构成一种共生关系。国家法律政策对于传统村落古建筑的保护一方面限制了农民的权益，另一方面也会给农民带来很大的好处，主要体现在守护村庄和保留旅游资源两个方面。

### （一）传统村落保护具有守护村庄的作用

随着我国城市化进展加快，越来越多的农村人口定居城市，农村闲置房屋日渐增多，农村“空心化”问题非常突出，由此带来的土地资源浪费、农村基础设施建设困难等问题一直困扰着各地政府。

围绕合村并居的是是非非，人们已经讨论很多，最终演变成立场和价值的选择问题，不同学者会给出不同的论证，不同的村民会做出不同的选择①。客观而言，近年来一些地区推行的合村并居对于农民可能有一些好处，比如房屋集中，方便政府进行基础设施建设和提供教育、医疗等公共服务，所以比较官方的说法是多数人民群众对于合村

① 对合村并居的简要梳理，参见朱凤凯、张凤荣：《我国不同阶段合村并居模式对比及启示》，载《广州土地科学》，2015 年第 5 期。

并居非常满意[①]。但是，社会各界也普遍承认，实际推行的合村并居政策比较急切，过于追求政绩而较少尊重农民的意愿，而且合村并居是整村推进，对于不同意的少数农民没有特别的保障，许多农民花费数十万元盖好的新房被强行拆掉却又要花钱购买集中居住的楼房[②]。就农民的本心来说，如果能够选择的话，多数农民还是会选择留住自己原来村庄里的大院落而不愿意住在拥挤狭小的高楼里，存放农业机具和杂物的现实需求不说，农家院落的宽敞舒展、幽静安宁堪比都市人梦想的别墅，其居住品质远远不是小城镇的楼房套间所能比拟的。如果合村并居不是安排农民住在北上广深的都市区，大概很少有农民会真正愿意抛弃世居村落的农村房屋。

然而，合村并居是当代中国的大势所趋，在可以预见的将来，多数村落将会被时代的巨手抹去，许多农民所期盼的在村庄里建造好房子、过上好日子的梦想终究无法实现。在此情况下，传统村落相比一般村庄的巨大优势开始显露出来。无论是《中华人民共和国文物保护法》对传统村落中文物建筑的保护，《历史文化名城名镇名村保护条例》对作为历史名村的传统村落的保护，还是国家政策以及地方性法规层面对传统村落的保护[③]，都要求不得毁坏传统村落中的古建筑，不得改变传统村落的空间布局及周边环境，当然更不可能允许传统村落被推倒、清除。在合村并居的推行过程中，传统村落的名头仿佛是一张免死金牌，可以在土地改革的洪流中守护传统村落不被拆除，从而保全了传统村落的农村房屋[④]

**（二）传统村落保护具有保留旅游资源的作用**

习近平总书记说“绿水青山就是金山银山”。不过，很多偏远山区的人们对于这句话所揭示的保护环境与发展经济的协调关系并无感性认识。很多时候，人们不得不丢下“金饭碗”出去打工，因为家乡并无发达的工业基础或者商业机会，为了养家糊口，只好背井离乡。不过，随着城市发展与国民收入的提高，乡村旅游渐渐热门起来，人们为了逃避城市的喧嚣来到乡村，为了观看自然美景来到乡村，或者为了更多地了解农业农村而来到乡村，许多原本颇为冷清的村落变得热闹起来，乡村旅游发展整体上红红火火。根据农业农村部统计，2018 年全国休闲农业和乡村旅游营业收入超 8000 亿元[⑤]，占全国旅游市场的 20%左右[⑥]，绿水青山已经发挥了“金山银山”的巨大作用。

在众多乡村旅游中，古村落游占有相当大的分量。传统村落的选址通常是依山傍水，

---

① 参见崔红志：《合村并居动因、效果和实施建议》，载《中国发展观察》，2020 年第 14 期。

② 参见贺雪峰：《“合村并居”一定要拆农民房子吗?》，载《决策》，2020 年第 6 期。

③ 目前，我国并无保护传统村落的法律或者行政法规，主要是通过住房城乡建设部、文化和旅游部、国家文物局和财政部的各种指导意见与通知等国家政策进行保护。地方立法层面，则有不少省市制定的地方性法规或者政府规章，如《安徽省皖南古民居保护条例》《江西省传统村落保护条例》《江苏省传统村落保护办法》《贵州省传统村落保护和发展条例》《四川省传统村落保护条例》《福建省历史文化名城名镇名村和传统村落保护条例》《台州市传统村落保护和利用条例》《丽水市传统村落保护条例》《湘西土家族苗族自治州传统村落保护条例》。

④ 在笔者对传统村落的走访中，许多传统村落的村民对于各地开展的合村并居很不看好，庆幸自己所在的村庄可以保留。

⑤ 参见中国财经网 2019 年 2 月 14 日报道：《农业农村部：2018 年休闲农业和乡村旅游营业收入超 8000 亿》，http：//field. 10jqka. com. cn/20190214/c609691068. shtml。最后访问日期：2020 年 12 月 18 日。

⑥ 参见艾媒网 2020 年 1 月 19 日报告：《2018 年全国旅游及相关产业增加值超 4 万亿，占 GDP 比重 4.51%》，https：//www. iimedia. cn/c1040/68250. html。最后访问日期：2020 年 12 月 18 日。

地理位置优越，自然风景优美，搭配传统村落古建筑的历史底蕴与人文内涵，加上国家为了保护传统村落而不断改善的村落交通与基础设施条件，古村落发展旅游具有天然的优势①。一些著名的古村落，如安徽黟县西递—宏村、江西婺源古村落、浙江永嘉楠溪江古村落，早已是国人旅游的“网红打卡点”，还有更多古村落都是当地城市的热门旅游点，如湖南岳阳的张谷英村、山西襄汾的丁村、北京门头沟的爨底下村等。无论何时，悠久的历史文化、厚重的建筑遗存，都会让传统村落保留一种独特魅力，永远都是旅游开发的最好资源②。

固然，限制“拆旧建新”让传统村落的农民感觉压抑愤懑，但当传统村落的旅游价值被发掘之后，人们也许会发现原来“传统村落”的招牌这么值钱，而原本被视为负资产的破败古建筑在经过“活化利用”或者“功能置换”③ 之后，也可能变得很有经济价值。比如一些古建筑经过建筑师的现代化改造（保留其古典形制与外观）后，用于酒吧、民宿的经营，成为颇受市场欢迎的爆款产品。

## 四、传统村落古建筑保护中公益与私权的协调

总体看来，保护古建筑的公共利益与古建筑所有权人的私人权益之间存在着非常复杂的关系，一方面保护古建筑形成建筑对人的压制，另一方面保护古建筑也可能成全所有权人的私人利益。不过，大多数时候，保护古建筑对所有权人的好处是一般村民感受不到、认识不到的，保护古建筑的公共利益与古建筑所有权人私人权益之间的矛盾冲突依然是传统村落古建筑保护中的主要问题。我们如果不能回应古建筑所有权人的合理需求，不能保障古建筑所有权人的正当权益，就很难做好传统村落古建筑的保护工作。基于对自身利益的考虑，古建筑所有权人通常拒绝对古建筑进行修缮维护而任其毁损、倒塌，以便有机会“拆旧建新”④，极端情况下甚至会阻止政府机构对古建筑进行修缮⑤。

---

① 一个可供参考的例子是江西进贤县的西湖李家自然村。2010 年，南昌市原市长李豆罗退休后回到家乡，带领群众整饬村容村貌，保护古老建筑，西湖李家村 2017 年入选第四批中国传统村落名录，2015 年被评为国家 4A 级风景旅游区。

② 比如北京市门头沟区的灵水村因为 2013 年《爸爸去哪儿》驻村录制节目而突然走红，其根源依然是村庄自身的魅力。

③ 关于“功能置换”的基本理论，参见薛林平：《建筑遗产保护概论》（第二版），中国建筑工业出版社，2017 年，第 162-164 页。关于传统村落古建筑活化利用的众多实战案例，参见罗德胤：《走读中国乡村》，中国建材工业出版社，2019 年版。

④ 比如在珠海市的历史文化名村北山村，69 岁的杨某与妻子及大儿子住在 90 多平方米的破旧古建筑中，杨某表示“如果他攒够钱，就打算把整个祖屋重现翻修，最起码要是一个有独立卫生间的 5 层小楼。”，《南方都市报》2010 年 3 月 10 日报道，《历史文化名村违建楼多过古建筑》，http：//news. sina. com. cn/o/2011-03-10/081122086580. shtml，最后访问日期：2020 年 12 月 19 日。当然，偶尔也有一些有情怀、有财力的村民会出钱捐物修缮保护古建筑。如《浙江日报》2016 年 10 月 31 日报道《东阳村民筹 2 千万修古建筑 500 年历史村庄现旧颜》，https：//www. sohu. com/a/117792750 _ 532911，最后访问日期：2020 年 12 月 19 日。《钱江晚报》2015 年 3 月 12 日报道，《花百万修缮古建筑换 30 年使用权　真有人愿意干这事》，https：//zj. zjol. com. cn/news/76501. html，最后访问日期：2020 年 12 月 19 日。《中国江西网》2018 年 6 月 1 日报道，《为留住乡愁临川好男子捐资 500 万元维修古建筑》，http：//m. xinhuanet. com/jx/2018-06/01/c _ 1122922008. htm，最后访问日期：2020 年 12 月 19 日。

⑤ 不少农民因为担心古建筑修缮影响自己对宅基地的再利用或者担心政府借修缮之名而获得古建筑的所有权等权益，想出各种办法阻挠、破坏文物保护人员对古建筑的修缮行为。参见罗怀赟：《文物局修缮古建村民反对恐修完不再属于自己》，《贵阳晚报》2013 年 11 月 18 日报道。http：//news. eastday. com/eastday/13news/node2/n4/n8/u7ai172479 _ k4. html。最后访问日期：2020 年 12 月 19 日。

所以，无论是基于改善农民居住条件以保障农民合法权益的目的，还是从保护古建筑自身的目的出发，都必须兼顾古建筑保护中的公共利益和私人权益。协调古建筑保护中的公益和私权，主要有两个努力的方向，一是由政府对古建筑的所有权人进行补偿，二是允许古建筑买卖交易以解除古建筑与其所有权人之间的绑定关系。

**（一）基于公共利益补偿古建筑所有权人**

如上所述，传统村落中的古建筑保护主要面临两个难题：一是农民缺乏财力修缮维护古建筑，二是农民基于改善居住条件的需求希望“拆旧建新”。在此矛盾之下，即便不存在地方政府为追求政绩而与工商业者联手摧毁村落的大规模破坏行为，村民拆建也足以逐渐摧毁传统村落中的古建筑。

造成此种困境的根本原因在于农民对自身房屋的私有产权与古建筑的公益价值之间存在对立关系。依照《中华人民共和国土地管理法》《中华人民共和国民法典》，农民对自己的房屋享有所有权，对房屋所占用的宅基地享有宅基地使用权，有权拆除自家旧房、建造新房。但是，依照《中华人民共和国文物保护法》以及其他相关规定，农民所居住的古建筑属于文物或者其他受保护的古建筑，农民不但不能拆建、重建，还必须出资修缮保护。在此，私权自由的逻辑与古建筑保护的理念产生冲突，古建筑保护的相关规定成为对民事权利的公法限制。相对于一般农村的村民而言，传统村落中古建筑的所有者背负沉重的公法负担，国家应该对此有所补偿。但是，《中华人民共和国文物保护法》等相关法律，基于“政治化集体主义”的思维惯性①，对古建筑保护中的私人权益关注不够，并没有特别规定对古建筑所有权人的补偿问题②。文物保护实际操作中以及未来修改法律时，必须特别强调政府对古建筑所有权人的补偿问题，以求公私兼顾。

古建筑保护中，政府对古建筑所有权人的补偿在于两个方面，一是对农民的居住条件进行改善，为其提供新的宅基地、城镇住房或者购房补贴；二是对农民修缮保护古建筑进行资金支持。简而言之，就是给地、给钱。如果国家在古建筑之外另行解决了农民的住房问题，同时又对古建筑的维护提供了资金保障，毫无疑问可以充分保护农民的利益，也可以实现保护古建筑的目标。但是，政府为补偿农民给地给钱的补贴行为同样面临着现实的困难：一是可行性问题，二是正当性问题。

就可行性而言，政府可能没有足够的土地或者金钱对农民进行补偿。保护耕地是我国的基本国策，传统村落周围往往是优质良田，为了保护古建筑而将农民迁出就需要征用耕地作为宅基地，需要经过严格的论证和复杂的程序，地方政府能否获得上级政府批

---

① 参见张舜玺、马作武：《公益与私益之间：论文物保护法的价值取向——以非国有不可移动文物保护为例》，原载《法学评论》2013年第5期，收入《文物保护法研究专辑》编写组编：《文物保护法研究专辑Ⅲ》，文物出版社，2014年版，第57-66页。

② 有学者认为，《中华人民共和国文物保护法》第21条规定无力修缮文物的所有权人可以申请政府财政帮助，此处的政府帮助的目的是指向文物保护本身而非对古建筑所有权人进行补偿。参见王云霞、胡珊辰：《公私利益平衡：比较法视野下的文物所有权限制与补偿》，原在《武汉大学学报（哲学社会科学版）》2015年第6期，收入文物保护法研究专辑编写组编：《文物保护法研究专辑Ⅳ》，文物出版社，2016年版，第1-14页。

准属于未知数①。如果要在小城镇或者县城、市区安置传统村落的农民，则需要地方政府有足够财力。同时，古建筑日常的维护修缮也需要巨额费用，政府财政往往难以支持。

就正当性而言，政府对传统村落古建筑的所有人进行给地给钱的补贴行为并非没有争议。在村民继续享有古建筑所在地宅基地使用权的情况下，政府另行给村民提供宅基地有过多分配乃至重复分配宅基地之嫌。同样，如果政府给传统村落农民提供城镇住房或者住房补贴，也需要解决补贴面积和补贴数额问题，过多过少都会引发争议。当政府为古建筑所有者提供维护房屋的资金时，也会产生动用纳税人的钱财去修缮私人房屋的质疑。在政府修缮古建筑而农民将古建筑出租用于商业使用时，争议必然沸反盈天。

传统村落中古建筑的双重属性制造了难以克服的悖论：一方面，农民承受了民事权利之外的公法负担，要求政府对农民进行补偿；另一方面，补偿的尺度难以把握，稍有不慎，又变成了过度补偿，成为花费政府钱财为私人牟利。正是基于此种考虑，一些地方政府不太愿意对私人所有的古建筑进行维护修缮，有时眼睁睁看着古建筑毁损、坍塌而无所作为②。面对我国古建筑保护的严峻形势，有必要探索合理的机制来准确评估古建筑所有人承受的负担从而对其进行合理补偿。

**（二）探索古建筑市场化交易的可能**

私有古建筑的私权属性与其公益性质之间的矛盾在世界各国普遍存在，在我国传统村落的古建筑保护问题上则尤其突出。其原因在于古建筑与农民捆绑在一起，无法实现市场化流转。如同奢侈品箱包、豪车、别墅一样，古建筑属于奢侈品③，持有古建筑成本高昂，维护修缮费用数以百万计④。对于传统村落的古建筑而言，其建造者往往非富即贵，后人在家道衰败之后通常选择将豪宅卖出，自己获得钱财，他人获得古建筑，两全其美。这在旧社会本是稀松平常之事，人世浮沉乃世之常情，多少王公贵族、高官显

① 例如，在广东惠州博罗县的旭日村，许多明清老房子长期得不到修缮以至于下雨坍塌，农民多次申请拆旧建新得不到批准，农民申请新批宅基地建房，“结果分了十几年也没分下来”。参见《南方农村报》2016 年 7 月 12 日报道，《惠州市博罗县龙华镇旭日村保护古村落遇难题：古村禁止拆旧建新，房屋坍塌怎么办》，http：//news. wugu. com. cn/article/814202. html，最后访问日期：2020 年 12 月 19 日。

② 文物保护部门缺钱，并不是古建筑得不到良好保护的全部原因，利益关系协调不顺也是造成古建筑维修困难的重要原因。长期以来，针对古建筑保护，各地文物保护部门坚持的原则是“谁使用、谁维修”，文物建筑申请维修资金特别艰难，普通的古建筑更是难以获得修缮补助。参见《钱江晚报》2014 年 12 月 26 日报道，《村民没钱维修　保护无法可依　金华古民居大批消亡》，https：//zj. qq. com/a/20141226/003523. htm。最后访问日期：2020 年 12 月 19 日。

③ 历史上，传统村落的古建筑不一定属于奢侈品，多数高门大户的豪宅大院确实属于奢侈品，但也有不少传统村落的古建筑属于平常人家。不过，即使是普通人家的古建筑，也属于相对较好的房屋，通常是砖木结构，而真正穷苦人家的土墙茅草房，早已被雨打风吹去，很难留存到现在。可能，浙江松阳的生土古建筑、贵州的少数民族建筑属于为数不多的例外。

④ 《中华人民共和国文物保护法》所设定的严格的修缮标准、修缮程序与文物修缮资质要求，大大推高了古建筑修缮的成本。“原形制、原材料、原工艺”的要求本来就是成本极高，加上专门的设计方案、施工方案，严格按照《中华人民共和国文物保护法》修缮古建筑的高昂成本挡住了绝大多数村民想要修缮古建筑的努力。同一古建筑，按照农民自己比较因陋就简的维修方法，花费数万元或者十多万元就可以；按照文物保护部门的要求，则需要花费五六十万元甚至上百万元。按照文物部门的测算，如果要修缮四五座古建筑，需要花费 2000 万元，光设计费就需要 100 多万元。参见《扬子晚报》2017 年 6 月 4 日报道，《南京最大明清古建筑群部分古宅年久失修　谁能拯救?》，http：//blog. sina. com. cn/s/blog _ 1705edfe50102xrbu. html，最后访问日期：2020 年 12 月 19 日。

爵、名商巨贾的豪宅古建筑几易其手，终得保全，全依靠市场运作。但在中华人民共和国成立之后，旧社会中最重要的商品——土地、房产都难以流转，底层民众阴差阳错地获得古建筑所有权后即与古建筑捆绑在一起。

我国现行法律对农村房屋流转并无明确规定，实践中执行的政策是：农村房屋可以在本村村民之间流转，但外村村民与城镇居民不得购买农村房屋[①]。现行法律政策将农村房屋排除在市场之外的原因在于保障农民的居住权利，防止农民因为贪图一时之利而失去房屋，产生严重的社会问题[②]。站在国家长治久安的立场考虑，我国现行法律保障“耕者有其田，居者有其屋”具有坚定的社会基础，符合人文理念，值得充分肯定。然而，国家政策层面禁止农村房屋买卖，特别是禁止将农村房屋卖给城镇居民，基本上也堵死了农村古建筑买卖交易的空间，既让古建筑的所有权人空守着珍贵的古建筑无法利用而任其毁损、倒塌，又让很多有钱的城镇居民受制于现行法律无法购买古建筑从而难以保护并利用古建筑。

考虑到传统村落古建筑农村房屋的属性，解禁古建筑买卖的关键在于破解农村房屋如何向城镇居民出售的难题，而农村房屋出售的前提是出卖人的居住条件有保障。值得思量的是，保障农民的居住条件不需要将农民与古建筑捆绑在一起。当地政府可以通过为传统村落的农民另外安排宅基地或者提供城镇住房等途径，将村民部分或者全部迁出传统村落，以便让古建筑获得休养生息的空间，建筑与人的利益都得以保全。同时，为了保障政府利益，在政府为古建筑所有人另行解决居住问题的前提下，可以由政府获得古建筑的所有权，择机将古建筑推向市场。

在目前法律不做修改的情况下，传统村落的农民无法直接将古建筑转让给都市的富裕阶层。比较现实的交易有以下五条途径：（1）富裕农民自行修缮古建筑，将古建筑出租给他人进行商业利用或者自己进行商业开发；（2）实行农村宅基地“三权分置”改革试点[③]，可以由农民将古建筑出售给同县或者同市的其他富裕农民；（3）政府对古建筑的所有权人进行房屋置换或者货币补偿，将古建筑收归国有，由国家进行商业利用或者出租给他人进行商业开发；（4）政府将农民的古建筑收归国有后，可以进一步将古建筑所在的集体土地征收为国有，将古建筑这种特殊的小产权房变为大产权房，真正将古建筑推向市场，进行转让销售；（5）为了避免政府征收所引发的权力寻租等问题，也可以考虑在传统村落村民缴纳适当的土地出让金之后，直接将古建筑从小产权房转换为大产权房，由农民自己将古建筑投入市场。为了避免加重农民负担，也可以考虑用政府征收集体土地的征收补偿款与农民需要缴纳的土地出让金相抵销，在办理相关手续之后，直接宣告传统村落的土地属于国家所有，农民拥有的古建筑属于大产权房，可以对外销售。按照此种思路，国家并不对农民的房屋进行征收，只是在名义上对农村集体土地进行征收而已，国家没有额外的财政负担，农民可以获得转让古建筑的自由，于国于民有利。

---

① 参见宋志红：《中国农村土地制度改革研究：思路、难点与制度建设》，中国人民大学出版社，2017 年版，第 276 页。

② 参见贺雪峰：《地权的逻辑Ⅲ：为什么说中国土地制度是全世界最先进的》，中国政法大学出版社，2018 年版，序言第 7-10 页。

③ 关于宅基地“三权分置”改革，参见李兴宇：《宅基地“三权分置”中的“使用权”：试点样态与法律设计》，《新疆社会科学》，2020 年第 4 期。

随着我国经济发展，社会中逐渐形成一个富裕阶层有意愿购买和利用古建筑，如果法律为其购买和投资古建筑提供良好空间，可以很好地解决古建筑保护问题[①]。《中华人民共和国文物保护法》第 24 条规定国有不可移动文物不得转让、抵押，第 25 条则允许非国有的文物转让、抵押，只是不得转让、抵押给外国人[②]。至于传统村落中不属于文物的古建筑，以及不属于官方认定的“传统村落”的古村落中的非文物古建筑，并没有刚性的法律规定禁止其转让。如果可以放开农村房屋买卖，国家还可以借机将农村古建筑买卖纳入政府监管，既确认出卖人具有充分的住房保障从而避免出售古建筑影响农民的居住生存，同时也可以监控古建筑交易、修缮的过程，防止当今地下交易中随意拆走、重建古建筑造成的重大损坏。

## 五、本书的写作思路与研究方法

本书基于传统村落古建筑属于农村房屋的属性，将农村古建筑的保护问题置于我国农村宅基地制度变革的时代背景下进行探讨。我国传统村落古建筑的存亡危机来自乡土中国向城乡中国的推进，古建筑保护的现实难题与法律困境都来自我国现行的宅基地制度与农村房屋制度，古建筑保护的未来机会也在于我国宅基地制度的改革创新。只有弄懂当代中国的宅基地问题，才能明白古建筑保护问题。故而，本书开篇首先对我国现行的宅基地与农村房屋制度进行讨论，然后分析《中华人民共和国文物保护法》等法律或者国家政策对传统村落中各类古建筑的保护措施以及由此造成的对农民权利的各种限制，之后在理论上阐明对古建筑所有权人进行补偿的正当性以及初步的法律构想，进而探索实践中对古建筑所有权人进行补偿的各种方法，最后是展望我国传统村落的未来。

本项研究既包括规范分析、理论分析，又包括规范建构和案例研究，本书将按照逻辑顺序从一般的私权构造到公法上的私权限制，进而到对私权限制进行补偿的法理基础与具体方法，层层展开。写作的基本思路如图 0-1 所示。

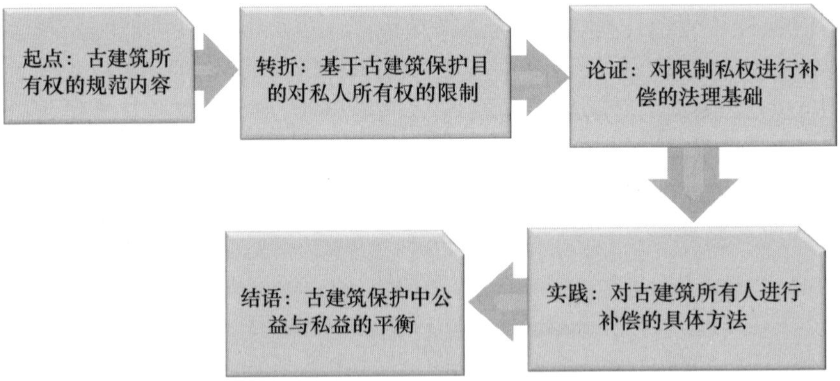


图 0-1　本书写作的基本思路

① 实践中，不少地方允许甚至鼓励古建筑买卖。例如，苏州市早在 2002 年就颁布《苏州古建筑保护条例》，鼓励国内外组织和个人购买或者租赁古建筑（《中华人民共和国文物保护法》禁止将文物卖给外国人），苏州这种“不求所有、但求所在”的胸襟对于保护古建筑很有裨益。

② 实践中，因为擅自拆走文物建筑涉嫌构成故意损毁文物罪，许多文物贩子往往托人打点文物保护部门的人员摘掉目标古建筑的“文物”牌子，然后再偷偷拆走古建筑。参见《每日经济新闻》2011 年 9 月 8 日报道，《江西古宅暴利拆卖成产业链　20 万收购转手赚百万》，https：//www. yicai. com/news/1073865. html，最后访问日期：2020 年 12 月 19 日。

鉴于本项研究属于文物保护法（遗产保护法）与物权法的交叉学科研究，本书在坚持传统民法研究的基本方法时，特别关注文物保护法的公法考量，必要时也会分析论证一些有关建筑遗产保护自身的问题。总体来看，本书主要采用比较法与案例研究的方法来研究传统村落古建筑保护中的私权限制及其救济问题。

1. 法教义学或者与此相近的法解释学是本书所要采用的主要方法。无论是对《中华人民共和国物权法》（《中华人民共和国民法典》）、《中华人民共和国文物保护法》的规范分析，还是探讨私权构造的一般理论、对限制私权进行补偿的法理基础，都需要植根于法学自身的基本概念、基本规则与基本理论。

2. 比较法是本书使用的重要方法，通过比较不同国家的规范模式，有助于认识我国现行法律面临的问题，并启发解决问题的路径。

3. 案例研究是社会科学研究的常见方法，本书面向中国现实，采用案例研究来深化理论认识，并明确相关规则。需要说明的是，本书所讨论的案例既包括法律世界的具体司法案例，也包括传统村落古建筑保护中的各种具体事例（广义社会科学领域的具体案例）。

# 第一章

# 传统村落古建筑的私权构造

## 第一节　作为农村房屋的传统村落古建筑

“传统村落古建筑”是一个广泛使用的词组，但其在不同情况下具有不同的含义，本书首先界定“传统村落古建筑”的具体内涵和外延。

传统村落古建筑属于当代中国农村房屋的一部分，其命运变迁与我国当下的宅基地制度和农村房屋制度变革密不可分，本书尝试在农民住房制度的框架内探究传统村落古建筑的保护问题，所以需要特别强调传统村落古建筑作为农村房屋的属性。

### 一、传统村落的界定

#### （一）村落

关于中国人聚落演变的历史，《史记·五帝本纪》在介绍舜的故事时总结道：“一年而所居成聚，二年成邑，三年成都。”吴良镛先生以此来阐述历史上聚落、村落与城邑的发展历程，认为“聚落只是人们定居生活后所形成的第一种聚居形态，其归宿分化为城邑和村落”①。在我国几千年漫长历史中，华夏大地上到处都是村落的海洋，其中点缀着一些集镇与城廓。传统中国主要是乡土社会，村落与家族是我国乡土社会中最基本的组织结构②。历史上，老子所向往的小国寡民的世界其实是个村落世界③。“甘其食，美其服，安其居，乐其俗。邻国相望，鸡犬之声相闻，民至老死不相往来。”其中的“国”其实就是村落。其后，我国社会不断变迁，但村落一直是我国社会的底层架构④。

村落的历史，在我国源远流长，“村落”作为汉语词汇，早在魏晋时期已经普遍使用⑤。《三国志》记载：“入魏郡界，村落齐整如一，民得财足用饶。”晋代崔豹《古今注》有言：“四顾荒郊，村落绝远。”如今汉语世界，“村落”也是广泛使用的词汇，《辞海》对村落的解释是“村庄”，《辞源》对村落的界定是“乡人聚居之处”，这些都是简明易懂的表述。即使套用学者比较考究的说法，也只是将村落界定为古代先民在农耕文明中因“聚族而居”的生产生活所需而建造的、具有相当规模的、相对稳定的基本社会

---

① 参见吴良镛：《中国人居史》，中国建筑工业出版社，2014年版，第31页。
② 参见费孝通：《乡土中国》，北京大学出版社，2017年版，第23页。
③ 参见吴良镛：《中国人居史》，中国建筑工业出版社，2014年版，第30页。
④ 参见苏力：《大国宪制》，北京大学出版社，2018年版，第57页。
⑤ 参见胡彬彬、吴灿：《中国传统村落文化概论》，中国社会科学出版社，2018年版，第3页。

单元[①]，其本质依然是我们熟知的乡村里的村庄。

**（二）古村落**

“古村落”或者“古村”是文化圈与媒体经常使用的词汇，如“中国最美古村落”“北京十大古村落”“古村游”等宣传报道，许多著作也采用“古村”作为书名（或者是书名的一部分）[②]。古村落，通常就是指比较古老的村落，村子建成的历史比较久远[③]，具有比较浓厚的文化传承，保留了较多的古老建筑，村落的自然布局与周边环境没有大的根本改变。这里说的古村落，是相对于没有多少历史传承与古建筑遗存的普通村落，尤其是村容村貌比较现代化的村落而言的。

从学术上说，中国古村落保护与发展专业委员会[④]从学术角度对古村落进行了定义，认为所谓的古村落是指那些已经有五六百年以上历史的村寨。这些村寨大多由一个庞大的家族组成。村寨里有家族创业始祖的传说，有家族兴盛衰败的记载，有祖传的遗训族规。这些村寨在选址方面讲究“择吉而居”，建筑布局大多以“天人合一”为基本思路，一般有河山作为自然屏障，便于生存、发展、繁衍，所以风景都比较好。另外，这些古村落建筑风格独特，有较高的观赏价值和审美价值。

从法律上说，一些地方在保护古村落时采用了“古村落”作为法定名称。比如2005年《苏州市古村落保护办法》、2009年《黄山市古村落保护利用暂行办法》、2013年《苏州市古村落保护条例》、2016年《拉萨市古村落保护条例》等[⑤]。其中，2013年《苏州市古村落保护条例》将“古村落”界定为：“历史久远、文物和古建筑丰富、具有地域文化特色、能较完整体现传统风貌的自然村落，并应同时具备下列四个条件：①村落主体形成于1911年以前，能较完整体现一定时期的历史风貌；②村落内河道水系、地貌遗迹、街巷空间、格局形态等保存基本完整；③文物古迹比较丰富且较为集中；④拥有非物质文化遗产。”

**（三）传统村落**

2011年9月，在中央文史研究馆成立60周年座谈会上，时任总理温家宝提出，“古村落的保护就是工业化、城镇化过程中对于物质遗产、非物质遗产以及传统文化的保护。”为了贯彻讲话精神，摸清全国传统村落整体保存情况，住房城乡建设部、文化部（现为文化和旅游部）、国家文物局和财政部于2012年4月16日发布了《住房城乡建设部 文化部 国家文物局 财政部关于开展传统村落调查的通知》，随后又于2012年4月25日发布了《住房城乡建设部 文化部 国家文物局 财政部关于切实加强中国传

---

① 参见胡彬彬、吴灿：《中国传统村落文化概论》，中国社会科学出版社，2018年版，第3-4页。

② 王小圣、卢家俭主编：《古村郭峪碑文集》，中华书局，2015年版。阮仪三主编：《遗珠拾粹：中国古城古镇古村踏察．一》，中国出版集体2018年版。

③ 多数古村落的历史可以追溯明清时期，个别古村落可以追溯到元代，甚至有个别古村落宣称自唐、宋年间延续至今，比如江西安义的千年古村落（罗田、京台、水南）。

④ 中国古村落保护与发展专业委员会是中国人类学民族学研究会的二级组织（专业委员会），是由研究保护文化遗产、保护生态环境、保护自然资源等学科的专家学者，国土、环境、建筑、文物、旅游、园林、资源保护、历史、文化主管部门以及企事业单位具有实践经验并有一定理论研究能力的实际工作者自愿结成的、非营利性的、学术性的社会团体。

⑤ 2019年怀化市酝酿通过《怀化市古村落保护条例（草案）》，最终颁布的条例名为《怀化市传统村落保护条例》，最终采用了最近几年更通行的“传统村落”的表述。

统村落保护的指导意见》。自此，国家部委开始采用“传统村落”的概念来指代过去所称的“古村落”。随后，2012 年 9 月，经中国古村落保护与发展专家委员会第一次会议决定，将习惯称谓“古村落”改为“传统村落”，以突出其文明价值及传承意义。当年 12 月，住房城乡建设部、文化部、财政部三部委公布了第一批列入中国传统村落名录的村落名单（共 646 个）。2012 年 12 月 12 日，住房城乡建设部、文化部、财政部三部委发布了《住房城乡建设部 文化部 财政部关于加强传统村落保护发展工作的指导意见》，其中对传统村落的表述是：“传统村落是指拥有物质形态和非物质形态文化遗产，具有较高的历史、文化、科学、艺术、社会、经济价值的村落。传统村落承载着中华传统文化的精华，是农耕文明不可再生的文化遗产。传统村落凝聚着中华民族精神，是维系华夏子孙文化认同的纽带。传统村落保留着民族文化的多样性，是繁荣发展民族文化的根基。”

关于传统村落的认定标准，住房城乡建设部等部委在 2012 年 4 月 16 日《住房城乡建设部 文化部 国家文物局 财政部关于开展传统村落调查的通知》中指出：“传统村落是指村落形成较早，拥有较丰富的传统资源，具有一定历史、文化、科学、艺术、社会、经济价值，应予以保护的村落。符合以下条件之一的村落列为调查对象：

（一）传统建筑风貌完整

历史建筑、乡土建筑、文物古迹等建筑集中连片分布或总量超过村庄建筑总量的 1/3，较完整体现一定历史时期的传统风貌。

（二）选址和格局保持传统特色

村落选址具有传统特色和地方特色，利用自然环境条件，与维系生产生活密切相关，反映特定历史文化背景。

村落格局鲜明体现有代表性的传统文化，鲜明体现有代表性的传统生产和生活方式，且村落整体格局保存良好。

（三）非物质文化遗产活态传承

该传统村落中拥有较为丰富的非物质文化遗产资源、民族或地域特色鲜明，或拥有省级以上非物质文化遗产代表性项目，传承形式良好，至今仍以活态延续。”

2012 年以后，住房城乡建设部、文化部（现文化和旅游部）、财政部三部委先后公布了五个批次的列入“中国传统村落”名录的村落名单，共计 6819 个，这些是国家级传统村落。其后，许多省份都公布了多个批次的省级传统村落名录，如陕西省传统村落名录、河南省传统村落名录、江苏省传统村落名录、浙江省传统村落名录等。围绕着中国传统村落和省级传统村落，国家部委与各地政府颁布了各种保护政策与财政支持措施，“传统村落”成为具有法律内涵的官方用语。

**（四）广义的传统村落或古村落**

针对古建筑保存比较完整的古村落，现在通行的官方文件称其为“传统村落”，个别地方的保护规范则称其为“古村落”。本书的研究主题是传统村落古建筑保护中的私权限制及其补偿，所要处理的核心问题是现行法律规范或者国家政策对传统村落古建筑的保护与限制，所以本书中的“传统村落”主要是指国家部委公布的中国传统村落以及各地地方性法规中规定的传统村落或者古村落。但是，基于对中华大地上各类乡村古建筑保护的关切，本书所指的传统村落不仅仅是官方公布的传统村落，也包括一些重要的古建筑但没有被认定为传统村落的古村落。

现行国家政策对传统村落的保护机制具有复杂的两面性。一方面，基于保护中国传统村落古建筑的思想，国家的初心是“应保尽保”，希望各地摸排上报所有的古村落、古建筑信息；另一方面，在国家财力有限的情况下，“中国传统村落”的名额又是稀缺的，“中国传统村落”的招牌非常珍贵，保护管理不善的传统村落要被摘掉“中国传统村落”的招牌①。实践中，不少村落拥有一些非常有价值的古建筑，但是因为村子里现代建筑比较多或者村子的传统格局被破坏等因素而没有评上中国传统村落，从而使得村中古建筑的保护处于非常不利的状态。在中国传统村落实行退出机制的情况下，恰恰是一些村落没有很好地保护传统村落古建筑导致“中国传统村落”的牌子被摘掉，对外无力抗拒合村并居，对内无力阻止农民拆建，同时丧失了各级财政的支持帮助，丧失了借助“中国传统村落”招牌发展旅游的机会，村落中保护古建筑的热情将会进一步降低，形成“破罐子破摔”的破窗效应，原本尚能勉强维持的一些古建筑可能很快消失殆尽②。更有甚者，“中国传统村落”的招牌不一定每个村落都喜欢，许多村民可能集体希望摘掉“中国传统村落”的帽子以便可以自由自在地“大拆大建”③。

现实生活中，可能有不少极具历史文化价值的古村落没有被认定为中国传统村落，也可能有许多精美珍贵的古建筑因为人们的不了解、不熟悉而没有被认定为文物，但这并不意味着这些古建筑和古村落不值得保护。有些村落并非官方认定的传统村落，但村落中有一些文物建筑（通常是“尚未核定公布为文物保护单位的不可移动文物”，有些地方称其为“文物保护点”），这些村落的文物建筑受到《中华人民共和国文物保护法》的保护和限制，自然在本书的研究范围之内。还有不少村落的古建筑并未被列为任何级别的文物，村落本身也没有历史文化名村或者各级传统村落的招牌，这些古建筑得不到任何保护，古建筑的所有权人也不受文物保护类法律的任何限制，法律上自然无所谓补偿问题，但其实这些古建筑也存在如何进行保护的问题④。

比如，西安市长安区的南豆角村，位于秦岭脚下，环境优美，村口的门楼历史悠久，村里还保留一些传统建筑比如“房子半边盖”的风格，但是村子整体上已经现代化了，无法被评定为传统村落，而建于明朝的门楼在西安也显得比较普通，很难被评定为文物，南豆角村的一些有价值的建筑就得不到法律的特别保护。图 1-1～图 1-6 所示为南豆角村部分建筑风貌。

---

① 参见住房城乡建设部办公厅等部门 2016 年 11 月发布的《中国传统村落警示和退出暂行规定（试行）》的通知。

② 所以，因为某个传统村落保护不力而摘掉其“中国传统村落”的招牌，对于保护该村的古建筑未必有利。这就如同因为某个家庭儿女不孝而取消其“五好家庭”的荣誉称号一样，并不必然让这家的子女更加孝顺父母。

③ 在文物保护领域，经常遇到古建筑所有权人拒绝将自家老房子申报为文物的情形，甚至有不少人在古建筑被评定为文物后依然想方设法申请摘掉文物的帽子，以便拆毁古建筑、建造小洋楼。参见红星新闻网 2020 年 5 月 13 日报道，《浙江永嘉一年 600 多处古建筑被撤销身份 官方：多为民居年久失修》，https：//xw. qq. com/cmsid/20200513A0H57U00，最后访问日期：2020 年 12 月 19 日。

④ 这也说明，本书所关心的古建筑保护中如何补偿所有权人的问题只有在保护古建筑的语境下才有意义，补偿所有权人也是为了更好地保护古建筑。如果某栋古建筑得不到现行法的特别保护，“限制私权”“补偿私权”也就成了无本之木、镜花水月。

图 1-1　南豆角村门楼（1）

图 1-2　南豆角村门楼（2）

图 1-3　南豆角村老民居（1）

图 1-4　南豆角村老民居（2）

图 1-5　南豆角村新民居（1）

图 1-6　南豆角村新民居（2）

## 二、古建筑的界定

### （一）古建筑的概念

古建筑，又有“古代建筑”“传统建筑”“建筑遗产”等说法，是指历史上遗存的、具有一定观赏、研究价值或者纪念意义的各种建筑物。衡量一个建筑是否为古建筑，主要考虑时间和价值两个因素①。

首先，古建筑必须具有一定的历史。对于古建筑的历史悠久程度，不同国家在不同时期的标准略有不同，总的趋势是越来越短。20 世纪初，欧洲国家通常认为建成 400 年以上的建筑才能被称为“古建筑”。如今，许多国家将建成 50 年以上的历史建筑列为建筑遗产，也属于某种意义上的“古建筑”。我国现行法律、行政法规中并未规定何为古建筑，一些保护古建筑的地方性立法则涉及对古建筑的界定。1997 年颁布（2004 年修订）的《安徽省皖南古民居保护条例》第二条规定：“本条例所称皖南古民居（以下简称古民居），是指本省境内长江以南地区 1911 年以前的具有历史、艺术、科学价值的民宅、祠堂、牌坊、书院、楼、台、亭、阁等民用建筑物。”根据 2002 年颁布的《苏州市古建筑保护条例》第三条，建于 1911 年之前，具有历史、科学和艺术价值的各类建筑物、构筑物属于古建筑，建于 1949 年之前，具有重要纪念意义、教育意义的优秀建筑和名人故居，同样属于古建筑。2017 年颁布的《黄山市徽州古建筑保护条例》第三条直接规定，建于 1949 年以前具有历史、艺术、科学价值，能够反映历史风貌和地方特色，并列入保护名录的各类建筑物，都属于古建筑。根据上述规定，古建筑的时间下线可以划定在 1949 年。

其次，古建筑必须具有一定的历史、文化、科学、艺术等方面的价值。古建筑的价值是多元的、变化的，21 世纪以来传统村落乡土建筑的价值被不断挖掘就是明证。本来，改革开放之前我国一直是乡土中国，传统村落、乡土建筑司空见惯，传统村落古建筑的价值被人有意无意地忽略。随着现代化进程的加快，保存完好的传统村落古建筑越来越少，这些古建筑所蕴含的历史文化、风土人情等价值越来越多地被人们发现和珍惜。

理解“古建筑”的概念时，需要把握古建筑与古代建筑、历史建筑等几个概念的区别。就我国而言，“古代建筑”是相对于近代建筑、现代建筑而言的，这里的古代建筑是指 1840 年之前的建筑，而近代建筑则从 1840—1949 年②。显然，建筑遗产保护领域所理解的古建筑，既包括古代建筑，也包括近代建筑。“历史建筑”，主要是相对于文物建筑而言的，通常是指“经城市、县人民政府确定公布的具有一定保护价值，能够反映历史风貌和地方特色，未公布为文物保护单位，也未登记为不可移动文物的建筑物、构筑物”③。历史建筑对于建筑历史的要求比较宽松，例如《上海市历史风貌区和优秀历史建筑保护条例》第三条对于优秀历史建筑的时间要求是建成 30 年以上。历史建筑通常以近代纪念建筑为主，也包括现代兴起的工业遗存、新中国标志性建筑等，还可能包

① 参见薛林平：《建筑遗产保护概论》（第二版），中国建筑工业出版社，2017 年版，第 8 页。

② 参见宋健、陆志明：《对仿建中国古建筑的行为进行法律规制的思考》，载《黑龙江省政法管理干部学院学报》，2020 年第 1 期。

③ 《住房城乡建设部关于加强历史建筑保护与利用工作的通知》（建规〔2017〕212 号）。

括某些未被列为文物保护点的明清建筑[①]。所以，历史建筑与古建筑的概念存在一部分交叉，建于1949年之前的历史建筑也可能属于古建筑。

目前，我国保护古建筑的主要法律规范是《中华人民共和国文物保护法》，《中华人民共和国文物保护法》所规定的不可移动的文物中包括各种各样的古建筑。需要注意的是，《中华人民共和国文物保护法》保护的建筑不一定是古建筑。从《中华人民共和国文物保护法》的角度来说，时间因素并不是文物认定的绝对因素[②]。比如著名的人民英雄纪念碑，1958年落成，1961年就被评为第一批全国重点文物保护单位；1981年修缮的“宋庆龄墓”，1982年就被列入第二批全国重点文物保护单位。这也是因为文物的概念要比古建筑概念更广一些，近代优秀建筑、革命史迹、社会主义建设的标志性成就，都有可能被认定为文物。

就传统村落的古建筑而言，国家保护传统村落考虑的是传统村落代表着我国农耕文明的千年传承，传统村落的空间布局和遗留建筑代表着我国传统的历史和文化，所以传统村落的古建筑通常是指1911年之前明清时期的建筑，甚至是更为久远的建筑，传统村落中偶尔也会出现近代优秀建筑或者名人故居之类，但这些近代建筑并非传统村落定义为传统村落的原因。所以，传统村落中的古建筑主要是1911年之前的建筑。

**（二）古建筑的表现形态**

传统村落的古建筑，数量最大的当然是各式各样的民居，即住宅建筑。不过，传统乡村的建筑类型是多元的、系统的，绝不仅是住房而已。除了民居之外，还有礼制建筑、祭祀建筑、商业建筑、公益建筑、文教建筑及生产性建筑等。祭祀类建筑，有各种宗庙，包括宗祠、支祠、香火堂和祖屋等；文教类建筑，有家塾、义塾、文昌阁、魁星楼、功名牌坊等；生产类建筑，则有陶瓷窑、纸作坊、竹木店、染坊、铁匠铺、酿酒坊，甚至包括猪圈、鸡窝、饮马槽、柴火垛等[③]；宗教类建筑，则有各种各样的祭祀神庙，“如来佛和痘花娘娘并肩而坐，元始天尊和土地公婆、牛王爷、药王爷以及一些不知其名的土偶共处一堂，同享一炷香火”[④]；此外，还有各种公共建筑，如水渠、堤坝、堰塘、水井、排水系统、道路、桥梁和风景点等。

就历史上的形态来说，传统村落是个整体，构成一个自给自足的系统，各种建筑构造必然比较齐全。传统中国，村落是最基本的社会单元，大多数农民可能真的是一辈子足不出村，恰如老子设想的“邻国村相望，鸡犬之声相闻，民至老死不相往来”。传统村落不但是生产、生活的天地，也是家族治理的封闭空间，宗族长老与地方乡绅统一负责整个村落的公共工程、地方治安、文教宣传和祭祀信仰等。村庄需求的多样性，必然造成建筑形态的多样性，从而给今天的我们留下丰富的建筑文化遗产。

需要注意的是，尽管没有现代的规划理念，传统村落的选址和布局绝不是随随便便，而是结合自然环境、人文传统与民族习惯等各种因素而理性地安排。对于一个村子而言，重要的公共建筑，如祠堂、庙宇、功德林、村塾等的选址，对于整个村落的空间布局具有重大影响。传统村落的空间布局，往往是法天象地，极为讲究，村落格局与周

① 北京市2019年公布的第一批北京市历史建筑中就包含一批明清时期的府邸、四合院等古建筑。

② 参见李晓东：《文物保护法概论》，学苑出版社，2002年版，第6-10页。

③ 参见陈志华、李秋香：《乡土建筑遗产保护》，黄山书社，2008年版，第5页。

④ 参见陈志华、李秋香：《乡土建筑遗产保护》，黄山书社，2008年版，第3页。

边环境浑然一体，“所以只有整个村子，才能完整地、系统地反映乡土社会的文化历史信息，个别的建筑是承担不了这个作用的”[①]。这就是为什么保护传统村落的古建筑，强调整村保护，整个村庄的建筑格局、历史风貌不能改变，村庄周边的自然环境也不能破坏。

## 三、传统村落古建筑作为农村房屋

随着我国社会城市化的发展，许多传统村落所在地的地区慢慢成为都市的一部分，古建筑被拆建，传统的村落布局被破坏、清理，传统村落自然也就随之消亡。即使是靠近城市郊区的乡村，伴随着农民收入增加和生活条件改善，绝大多数传统的古建筑都被拆掉，所以城市周边不可能存在传统村落，这就是我们无法在北京、杭州、西安这些城市近郊看到传统村落的原因[②]。传统村落通常位于比较偏远、比较落后、比较欠发达的地区，因为村民的收入增长没有那么快，还没有来得及拆毁古建筑，国家的保护政策就来了，于是为后人留住了传统村落。客观地说，历史上许多著名传统村落的许多古建筑早已被拆毁殆尽，现在留存下来的其实并不是那么经典、那么精美的古建筑[③]，但是这些不那么完美的传统村落和古建筑已经是今天我们能拥有的最好的东西了，能否守住，能守多久，我们并不知道。

一个我们必须正视的社会现实是：当代中国所有的传统村落都位于农村地区，因而传统村落的古建筑都属于农村房屋。农村房屋在当今社会的最大特点是，它是一种暂时的存在，只要农民有钱了，就要不断地翻建，从最初非常破败的土墙茅草屋改为砖墙大瓦房，然后改为钢筋混凝土的平房，进而再改为两三层的小洋楼，甚至改为五六层的小高楼[④]。

自 20 世纪 90 年代中期以来，中西部地区的广大农民工一辈辈地奔向东南沿海地区打工谋生，虽然不能大富大贵，但是通常可以积攒二三十万元建造楼房。在国家没有干预的情况下，农民们会很自然地选择拆毁祖传的古建筑，建造新的更加宽敞气派的小洋楼。而且随着社会发展，农民建造楼房的财力越来越强，即便是非常偏远的山区农民通常也有钱拆旧建新，能够保留下来的古建筑将会越来越罕见。

我们的传统村落古建筑保护就是在这样的背景下展开的。要保护传统村落古建筑，就必须阻止农村拆旧建新，若要阻止农民拆旧建新就必须了解农民有些什么样的权利可以拆旧建新。

---

① 参见陈志华、李秋香：《乡土建筑遗产保护》，黄山书社，2008 年版，第 4 页。

② 例如在杭州，要看到传统村落，必须一路向西，跑到遥远的桐庐县、淳安县的偏远地区，才能欣赏大片的传统村落。杭州“市区”唯一的传统村落在萧山区（原萧山市），而且在萧山非常非常边缘的位置，再走几步就到了绍兴的诸暨市。

③ 罗德胤曾经感叹，倒退 100 年，江南的村落建筑无论如何轮不到松阳来代表。但是，松阳太偏远了，崎岖坎坷的山路、相对贫苦的农民保住了“江南最后的秘境”。罗德胤：《在松阳感悟“古典中国”》，载《瞭望》，2015 年第 43 期。

④ 相对农村，小镇房屋的翻建受到更多的国家政策限制，这也是江南水乡的乌镇、周庄地处发达地区而能够幸运地保存下来的一个重要原因。

# 第二节 农村房屋所有权的规范内容

## 一、农村房屋所有权与宅基地使用权

### （一）房地关系的基本理论

基于自然规律，房屋无法离开土地而存在，否则就是空中楼阁。任何房屋，或者建造于自己享有所有权的土地上，或者建造于他人的土地上。当房屋建造于他人的土地上时，需要在他人的土地上为房屋所有人设定相关的权利以支撑房屋的存在，如传统民法上的地上权（建设用地使用权、宅基地使用权）或者相关土地的租赁权（包括法定租赁权）[①]。

在法律观念与制度设计上，关于房地关系，历来存在结合主义与分离主义两种不同的处理方式[②]。结合主义以德国法为代表，认为土地上的房屋并非独立的不动产而是土地的组成部分，这种设计主要是为了提高登记效率，便于简化法律关系；分离主义以日本法为代表，认为房屋与土地是彼此独立的两个物，这种设计有利于充分发挥房屋与土地不同的财产功能。不过，无论采取结合主义还是分离主义，都必须根据事物自身属性来考虑土地与房屋的基本关系，同时兼顾土地与房屋之间的差异与协调问题。采取结合主义立法的，必须通过地上权为建造在他人土地上的房屋留下存在的空间；采取分离主义立法的，则需要在土地与房屋流转时考虑两者法律命运的协调性，即坚持“房地一致”原则[③]。

我国现行法在观念上采取房地分离主义的立法模式，认为土地和房屋是各自独立的两个物。这样的法律观念是基于我国国情的特别考虑。自 1982 年《中华人民共和国宪法》确立社会主义土地公有制以来，我国土地要么属于国家所有，要么属于集体所有，个人没有获得土地所有权的空间。所以，现实生活中亿万人民所拥有的各种各样的房屋只能建造于他人（国家或者集体）的土地上，如果在观念上采取结合主义的立法模式，认为房屋是土地的组成部分而非独立的不动产，显然无法被民众所接受，背离我国的国情。故而，无论是《中华人民共和国土地管理法》《中华人民共和国城市房地产管理法》还是《中华人民共和国物权法》以及后来的《中华人民共和国民法典》，都将土地与房屋分开处理，在观念上界定为两个物，便于规范协调。

同时，为了化解房屋与土地之间的张力，避免房屋与土地分别处分（转让、抵押等）所带来的矛盾纷争，我国现行法确立了房屋与土地处分时的“房地一致”原则[④]。“房地一致”原则的基本内涵是，房屋与土地的法律命运相同，当转让或者抵押房屋时，房屋所附着土地的相关权利（各种土地使用权）随之发生转移；同理，当土地使用权转

---

① 简要介绍，参见高圣平：《土地与建筑物之间的物权利用关系辨析》，载《法学》，2012 年第 9 期。

② 参见段则美、孙毅：《论土地与地上物关系中的分别主义与一体主义》，载《苏州大学学报（哲学社会科学版）》，2007 年第 6 期。

③ 关于“房地一致”原则的反思，参见张双根：《论房地关系与统一不动产登记簿册：兼及不动产物权实体法与程序法的交织关系》，载《中外法学》，2014 年第 4 期。

④ 关于“房地一致”原则的形成历程，参见高圣平：《土地与建筑物之间的物权利用关系辨析》，载《法学》，2012 年第 9 期。

让或者抵押时，土地上现存房屋的所有权也要随之转让或者抵押。即日常生活中人们常说的“房随地走”“地随房走”，其根本原因在于“房依地建、地为房在”。试想：如果原权利人分别将房屋所有权转让给甲，将土地使用权转让给乙，甲乙之间如何协调呢？为了避免无端的纠纷，提高不动产交易的安全性与便捷性，必须坚持“房地一致”原则。

**（二）农村房屋所有权通常涵盖宅基地使用权**

基于房地关系的考虑，农村房屋不可能离开农村土地而存在。而农村的土地属于集体经济组织所有，农民个人作为集体成员对土地并不享有所有权。就法律关系而言，农村房屋只能存在于他人的土地之上，需要从集体土地上创设一种用益物权来支撑农村房屋。《中华人民共和国土地管理法》《中华人民共和国民法典》基于城乡差别的现实考虑及土地管制思维，以建设用地使用权来支撑都市房屋，以宅基地使用权来支撑农村房屋，在房屋用地上形成建设用地使用权与宅基地使用权的二元构造①。

我国现行法对宅基地的规定极为简单，实践操作中主要依靠中央文件或者地方政策进行指导。《中华人民共和国民法典》第 362 条规定了宅基地使用权的内容：“宅基地使用权人依法对集体所有的土地享有占有和使用的权利，有权依法利用该土地建造住宅及其附属设施。”《中华人民共和国民法典》第 363 条、第 364 条规定了宅基地使用权的得丧变更，其主要内容还是转介条款，第 363 条规定：“宅基地使用权的取得、行使和转让，适用土地管理的法律和国家有关规定。”只是在第 364 条强调，“宅基地因自然灾害等原因灭失的，宅基地使用权消灭。对失去宅基地的村民，应当依法重新分配宅基地。”由此凸显民法的人文关怀，对于因为客观原因而失去宅基地的农民给予特别照顾，重新分配宅基地。《中华人民共和国民法典》第 365 条则规定了物权变动的登记要求：“已经登记的宅基地使用权转让或者消灭的，应当及时办理变更登记或者注销登记。”但是，这些登记的具体效力如何，究竟是相关物权变动的生效要件还是对抗要件，法律规定并不清楚②。总体看来，《中华人民共和国民法典》对于宅基地使用权的规定多是一些重复性的宣示，具有实际价值的内容不多。

真正对宅基地使用权进行规范的是《中华人民共和国土地管理法》，而《中华人民共和国土地管理法》直接规范宅基地使用权的法条只有第 62 条这一条。幸运的是，该条具有 7 款，算是搭建了宅基地使用权的基本框架。《中华人民共和国土地管理法》第 62 条主要规定了宅基地使用权的取得与流转两个问题。（1）关于宅基地使用权的取得，第 62 条第 1 款规定：“农村村民一户只能拥有一处宅基地，其宅基地的面积不得超过省、自治区、直辖市规定的标准。”这是基于保护耕地考虑对“一户一宅”政策的宣示，禁止“一户多宅”，禁止超过规定标准多占宅基地。只不过现实生活中的情况比较复杂，在中西部地区，因为各种原因，“一户多宅”的情形并不罕见；而在东南沿海地区，因

① 当然，除了宅基地使用权之外，农村中还有其他一些建设用地需要，如公共设施、乡镇企业等，此时则采取建设用地使用权的名目，形成集体建设用地，其中的乡镇企业用地就是目前“三块地”改革中热门的经营性集体建设用地。

② 关于宅基地使用权变动中登记的效力，参见魏华、戴孟勇：《论宅基地使用权的转让》，载《法律适用》2014 年第 10 期。

为土地资源紧张，许多村子已经十多年不再审批新的宅基地了[①]。所以，《中华人民共和国土地管理法》第 62 条第 2 款又补充了一句："人均土地少、不能保障一户拥有一处宅基地的地区，县级人民政府在充分尊重农村村民意愿的基础上，可以采取措施，按照省、自治区、直辖市规定的标准保障农村村民实现户有所居。"关于宅基地使用权的具体申请流程，《中华人民共和国土地管理法》并没有多说，实践中是由农民向所在村的集体经济组织[②]提出申请，《中华人民共和国土地管理法》第 62 条第 4 款规定："农村村民住宅用地，由乡（镇）人民政府审核批准；其中，涉及占用农用地的，依照本法第 44 条的规定办理审批手续。"（2）关于宅基地使用权的流转，《中华人民共和国土地管理法》的规定更加模糊抽象，主要是为农村宅基地制度改革预留空间，实际操作则由过去的严格禁止流转转向慢慢允许一定范围内的流转。第 62 条第 5 款规定："农村村民出卖、出租、赠与住宅后，再申请宅基地的，不予批准。"该条规定是否具有正面允许农民转让宅地基的含义，依然处在争议之中[③]。第 62 条第 6 款则规定："国家允许进城落户的农村村民依法自愿有偿退出宅基地，鼓励农村集体经济组织及其成员盘活利用闲置宅基地和闲置住宅。"该款主要是为目前开展的宅基地制度变革提供法律空间，主要涉及宅地基置换（以及类似的合村并居、扶贫搬迁、土地整理等）与宅基地"三权分置"改革试点。

从以上简单的介绍中，我们大概可以意识到农村房屋与宅基地使用权之间密不可分的关系。当我们提到农村房屋时，我们所说的农村房屋所有权是一种广义上的房屋所有权，其中必然包含了房屋所附着的土地上的宅基地使用权，这就如同我们所购买的城镇房屋必然包含相应的国有土地使用权一样。基于我国国情，房地关系中更值钱的、更受关注的反而不是房屋所有权本身，而是房屋所代表的宅基地使用权，这在农民房屋买卖、租赁的场景中都是如此[④]。这样的逻辑放在传统村落古建筑保护的情境下，就可以得出这样的结论：通常情况下，农民所关注的并不是古建筑的房屋所有权，而是古建筑下面所代表的宅基地使用权。除了个别出卖古建筑的情形，多数农民考虑的是怎么拆掉古建筑以便建造新房屋，其财产利用的关键指向宅基地使用权。

---

① 参见高圣平：《宅基地制度改革政策的演进与走向》，载《中国人民大学学报》2019 年第 1 期。

② 许多时候，人们并不清楚，到底谁是农村集体经济组织。国家层面，一直没有法律或者中央文件来界定集体经济组织的具体构成与运行机制。目前乡村治理中，只有《村民委员会组织法》规定的村民委员会属于比较刚性的统一基层组织建构，而村委会与村党支部往往又是二合一，所以生活中很多人分不清楚村支书与村长（村委会主任）的关系。至于集体经济组织，在某些基层自治比较发达的地区，比如佛山、苏州，往往成立村民股份合作制组织（公司或者合作社）来代表村集体经济组织，而在中西部的广大农村，因为没有专门的集体经济组织，通常由村委会或者村党支部来代行村集体经济组织的职权。就此而言，基层农村颇有一些"政经合一"的属性。初步的探讨，参见程雪阳：《中国地权制度的反思与变革》，上海三联书店，2018 年版，第 62-63 页。最近的研究，参见宋志红：《论农民集体与农村集体经济组织的关系》，载《中国法学》，2021 年，第 3 期。

③ 参见宋志红：《中国农村土地制度改革研究：思路、难点与制度建设》，中国人民大学出版社，2017 年版，第 354 页。

④ 宅地基"三权分置"改革中，因为依然坚持禁止城镇居民购买农村房屋的国家政策，城镇居民只能考虑租赁农村房屋，不少潜在承租人首先考虑的问题是自己有多大宅基地使用权。比如杭州某位阿姨就问记者："我交了租金，有了对宅基地的使用权，那我可以改造房子吗？"见新华社 2018 年 1 月 23 日报道《农村土地改革探索宅基地三权分置　农村租房更有谱了》，https：//www. chinanews. com/cj/2018/01-23/8431126. shtml，最后访问日期：2020 年 12 月 21 日。

而宅基地使用权是当代中国最复杂、最曲折的问题之一，其中千头万绪，牵连甚广，既与千家万户的居住生活相关，又涉及整个国家的政治制度稳定与安定。欲探讨有关宅基地的权利构造与未来变革，首先必须了解宅基地制度的由来以及宅基地在当代中国的根本使命。

## 二、宅基地使用权的历史演变

### （一）宅基地使用权的出现

在农民对土地（包括宅基地）拥有私人所有权的情况下，农民可以在自家土地上建造房屋，通常不需要宅基地使用权。所以，宅基地使用权是伴随着农民失去土地所有权而出现的，很大程度上是集体经济组织对农民向集体奉献宅基地所有权的一种补偿。

中华人民共和国成立之初，通过“打土豪、分田地”，确立了农民的土地私有权。1950 年 6 月的《中华人民共和国土地改革法》第 3 条明确规定：“土地改革完成后，由人民政府发给土地所有证，并承认一切土地所有者自由经营、买卖及出租其土地的权利。”此时，无论耕地还是房产都属于农民私有，并且可以自由买卖[①]。其后，随着社会主义改造的不断推进，全国各地的农业合作社逐渐由初级社过渡到高级社，原本属于农民私有的耕地在 1956 年后成为合作社农民按份共有的土地。1958 年后，人民公社运动在全国铺开，不但农用地加入了集体，连农民的生活资料宅基地也被集体化了，而且所有的土地不再是集体成员按份共有，而成了抽象的集体所有。由此，农村集体的土地所有权不再是一个私法概念，而成为国家建制的一部分[②]。改革开放以后，1982 年农村土地公有制通过《中华人民共和国宪法》固定下来，从此中国农民不再拥有任何土地所有权，农村和城市郊区的土地都属于农民集体经济组织所有[③]。

在土地属于集体成员按份共有甚至属于集体所有的情况下，农民已经没有办法自由使用自家宅基地建造房屋了。为此，1956 年 6 月通过的《高级农业生产合作社示范章程》第 16 条在规定“社员原有的坟地和房屋地基不必入社”的同时，又特别规定“社员新修房屋需用的地基和无坟地的社员需用的坟地，由合作社统筹解决，在必要的时候，合作社可以申请乡人民委员会协助解决”。因为农村的绝大部分土地都已经入社成为集体所有，农民新增的建房需要只能通过向合作社申请宅基地（地基）来解决。等到 1958 年所有的土地都成为合作社所有的时候，宅基地使用权成为农民房屋的标配。1962 年 9 月通过的《农村人民公社工作条例（修正草案）》第 21 条确定：“生产队范围内的土地，都归生产队所有。生产队所有的土地，包括社员的自留地、自留山、宅基地等，一律不准出租和买卖”。1963 年中共中央发出《关于各地对社员宅基地问题作一些补充规定的通知》，进一步明确社员对宅基地虽无所有权，但可以长期使用，且长期不

---

① 参见胡震：《农村宅基地产权法律表达的 70 年变迁（1949—2019）》，载《中国农业大学学报（社会科学版）》，2019 年第 6 期。

② 参见程雪阳：《中国地权制度的反思与变革》，上海三联书店，2018 年版，第 57-58 页。

③ 一贯言辞犀利的文贯中由此感叹“吾民无地”，见文贯中：《吾民无地：城市化、土地制度与户籍制度的内在逻辑》，东方出版社，2014 年版，第 3 页。

变。从而最终确立了延续至今的宅基地集体所用、农户使用的制度结构①。

**（二）宅基地使用权的法律确认**

虽然宅基地使用权制度早在1960年就已形成，但“宅基地使用权”这样一个名称或者概念直到许多年后才确立下来。无论是1963年颁布的《最高人民法院关于农村和城市宅基地所有权问题的复函》、1982年颁布的《村镇建房用地管理条例》，还是1986年颁布的《中华人民共和国民法通则》都没有涉及农村宅基地的权利问题，甚至在1986年颁布和1988年、1998年、2004年三次修订的《中华人民共和国土地管理法》中也没有出现“宅基地使用权”概念，直至2007年《中华人民共和国物权法》颁布，才在用益物权章节中单独规定了“宅基地使用权”，自此“宅基地使用权”正式成为流行的法律概念②。

从有关宅基地使用权的具体规范来看，有关宅基地的基本规定早在1986年就已经成形。最早版本的《中华人民共和国土地管理法》第38条规定，“出卖、出租住房后再申请宅基地的，不予批准。”其中已经包含了“一户一宅”的意思。关于宅地基使用权的审批，《中华人民共和国土地管理法》第38条规定也是强调“农村居民建住宅使用土地，不得超过省、自治区、直辖市规定的标准”。1998年修订的《中华人民共和国土地管理法》主要是将第38条调整到第62条，核心内容没有变化，具体表达则强调了如今流行的“一户一宅”原则，第1款特别规定：“农村村民一户只能拥有一处宅基地，其宅基地的面积不得超过省、自治区、直辖市规定的标准。”

经由漫长的时代变迁以及法律更替，宅基地使用权的由来慢慢变得模糊，今天的人们通常强调宅基地使用权是国家（集体）对农民的一种特别的社会保障。

## 三、宅基地使用权的基本属性

宅基地使用权有着复杂的面貌，在不同时代具有不同的功能定位与权利属性。比如自1960年到21世纪早期，宅基地使用权的基本功能一直都是保障农民的居住利益，在马克思主义政治经济学的立场上被视为生活资料。最近一二十年来，随着市场化改革的推进和农村宅基地试点的探索，宅基地越来越多地被赋予财产属性，具有了用益物权的一点功能③。

时至今日，宅基地使用权成为我国农村土地制度改革的焦点，有关宅基地使用权的属性定位决定着未来的改革方向，因此成为各方争辩的核心问题。强调宅基地财产属性的学者，通常会论证宅基地存在所有权主体虚位、财产权功能残缺等重大不足，主张要对宅基地使用权进行还权赋能，特别是要允许宅基地使用权转让、抵押，经济学界的周其仁、刘守英，法学界的高圣平、宋志红都采取此种立场④。与此相对，反对宅基地制

---

① 参见胡震：《农村宅基地产权法律表达的70年变迁（1949—2019）》，载《中国农业大学学报（社会科学版）》，2019年第6期。

② 参见邓辉、张晓宁：《宅基地使用权制度的现代化构建：体系与变更》，载《西部法学评论》，2017年第2期。

③ 关于宅基地使用权的功能变迁，参见胡震：《农村宅基地产权法律表达的70年变迁（1949—2019）》，载《中国农业大学学报（社会科学版）》，2019年第6期。

④ 参见周其仁：《城乡中国》，中信出版社，2017年版，第475-480页。刘守英：《土地制度与中国发展》，中国人民大学出版社，2018年版，第239页。高圣平：《宅基地制度改革政策的演进与走向》，载《中国人民大学学报》，2019年第1期。宋志红：《宅基地“三权分置”：从产权配置目标到立法实现》，载《中国土地科学》，2019年第6期。

度变革的学者则强调宅基地的住房保障和稳定社会功能，希望通过禁止宅地基流转来保障农村大环境的稳定，进而确保农村作为我国社会发展蓄水池和稳定器的功能，研究“三农”问题的温铁军、贺雪峰持此立场①。当然，也有一些学者采取比较折中的立场，比如陈小君②、韩松③等法律学者。

从比较客观的立场来说，变革年代的宅基地使用权具有双重属性，其基本功能依然是为农民提供住房保障，然后慢慢地增加了财产功能，只是两种功能之间的关系需要不断地调整④。事实上，如果我们聚焦于《中华人民共和国物权法》以及《中华人民共和国民法典》对宅基地使用权的规定，可以发现宅基地使用权具有相当完备的功能群。

## 四、农村房屋所有权与宅基地使用权的基本内容

探讨农村房屋所有权以及相应的宅基地使用权的内容，必须回到《中华人民共和国物权法》或者《中华人民共和国民法典》的基本规定。按照所有权包含占有、使用、收益、处分四种权能的理论，可以将农村房屋所有权的内容区分为两个方面：一为用益权能，一为处分权能，以下分别研究。

### （一）农村房屋所有权的用益权能

《中华人民共和国民法典》第 362 条规定：“宅基地使用权人依法对集体所有的土地享有占有和使用的权利，有权依法利用该土地建造住宅及其附属设施。”由此可以看出，宅基地使用权最核心的功能就是用来建造房屋及其附属设施，比如住宅房屋、围墙、院落、猪圈鸡窝、车棚、杂物间、厨房、卫生间等，实践中往往还包括房前屋后的菜地。对于农民建造的房屋，《中华人民共和国民法典》第 231 条规定：“因合法建造、拆除房屋等事实行为设立或者消灭物权的，自事实行为成就时发生效力。”《中华人民共和国民法典》第 240 条规定：“所有权人对自己的不动产或者动产，依法享有占有、使用、收益和处分的权利。”据此，农民对自己合法建造的房屋享有占有、使用、收益和处分等各种权利。

有疑问的是，农民可否利用农村房屋与宅基地来开展相关的经营活动，比如农家乐、民宿乃至生产车间等。在浙江沿海地区，许多农民创业者往往在自家院落或者房前屋后建造厂房开展各种加工制造活动，当地村委会或者地方政府予以默许甚至是支持鼓励⑤。但也有学者认为，农村经营活动不能影响宅基地的居住功能，如果大部分宅基地都用于商业经营，此时的宅基地相当于集体建设用地而非宅基地⑥。不过，近年来随着宅基地“三权分置”改革的推行，至少在改革试点，中央政策与地方政府都在鼓励农村宅基地和农村房屋灵活利用，甚至鼓励大学生、农民工返乡创业，由此利用宅基地进行开发经营的行为将会更多地被默许甚至支持。2019 年，《中央农村工作领导小组办公室 农业农村部关于进一步加强农村宅基地管理的通知》（中农发〔2019〕11 号）第五条

① 参见温铁军等：《八次危机：中国的真实经验 1949—2009》，东方出版社，2013 年版，第 30-33 页。贺雪峰：《地权的逻辑Ⅲ：为什么说中国土地制度是全世界最先进的》，中国政法大学出版社，2018 年版，第 116-120 页。

② 参见陈小君：《宅基地使用权的制度困局与破解之维》，载《法学研究》，2019 年第 3 期。

③ 参见韩松：《宅基地立法政策与宅基地使用权制度改革》，载《法学研究》，2019 年第 6 期。

④ 关于宅基地多重功能的分析，参见印子：《宅基地使用权的法律属性辨析》，载《交大法学》，2016 年 3 月。

⑤ 参见向勇：《中国宅基地立法基本问题研究》，中国政法大学出版社，2015 年版，第 124-125 页。

⑥ 参见宋志红：《中国农村土地制度改革研究：思路、难点与制度建设》，中国人民大学出版社，2017 年版，第 274 页。

规定："鼓励村集体和农民盘活利用闲置宅基地和闲置住宅，通过自主经营、合作经营、委托经营等方式，依法依规发展农家乐、民宿、乡村旅游等。"据此，农民利用农村房屋开展经营活动的合法性得到了确认。

以下是一组来自无锡市斗山村陆家水渠的照片（图 1-7 至图 1-10），从中可以看出江南一带宅基地利用的一些情况。

图 1-7　篱笆院落

图 1-8　屋后菜地

图 1-9　村中菜地

图 1-10　农家乐

在此，值得讨论的一个问题是农民利用宅基地建造房屋，有无层数、高度等方面的限制？对此并无全国统一规定，各地把握的标准不同。《中华人民共和国建筑法》第 83 条规定：“抢险救灾及其他临时性房屋建筑和农民自建低层住宅的建筑活动，不适用本法。”据此，农民自建低层住宅，肯定是现行法律允许的。问题是：何谓“低层住宅”？根据《住宅设计规范》（GB 50096—2011），低层住宅为一层至三层。但是，建设部《关于加强村镇建设工程质量安全管理的若干意见》（建质〔2004〕216号）第三条第（三）项规定：“对于村庄建设规划范围内的农民自建两层（含两层）以下住宅（以下简称农民自建低层住宅）的建设活动，县级建设行政主管部门的管理以为农民提供技术服务和指导作为主要工作方式。”依此，农民自建低层住宅仅限于两层以下的建筑，三层及三层以上的住宅则不属于农民自建低层住宅，其建造活动需要适用《中华人民共和国建筑法》，即在建筑设计、施工、验收等环节受到法律的特别规范。近年来，针对三层及三层以上的农村住宅，温州等地加强了法律监管，强调三层以上（含三层）的农民自建房屋必须经过竣工验收合格后方可使用，这也从侧面说明当地政府允许农民建造三层以上的住宅①。与温州不同，地处杭嘉湖平原的杭州市余杭区则禁止农民建造三层以上的住宅，《余杭区农村私人住房建设管理办法（试行）》（2017）第15条规定：“村民建房建筑层数应严格控制在3层以内，建筑檐口高度不得超过10米，坡屋顶总建筑高度不得超过13米。架空层层高超过2.2米（含2.2米）的按1层计算层次。”类似的地方性规定为数不少，例如《福建省人民政府关于进一步加强农村宅基地和村民住宅建设管理的若干意见（试行）》（闽政〔2021〕2号）第三条规定：“严格执行我省农村村民住宅建设每户宅基地面积和人均住宅建筑面积限额标准；农村独栋式、并联式、联排式自建住宅不得超过三层。”再如，《西安市村镇规划管理规定》（西规〔2019〕005-市政办004）第33条规定：“农村村民自建住宅建设，原则人均建筑面积控制在80平方米以下，层数控制在3层以下（含3层），屋顶檐口至地面高度控制在10米以内，坡屋顶的应从檐口起坡，坡顶不超过2.5米。”总体看来，禁止农民建造三层以上住宅的规定相当普遍。不过，实践中，这样的规定并未得到严格执行，在一些繁华的城中村或者工业园区、大学城周边，许多农民建造了五六层的高楼用于房屋出租。在深圳等地，农民建造十多层高楼的现象也不罕见。在此，农民建造房屋主要不是为了满足自身居住需要，而是进行房地产开发，相关的宅基地已经不再是通常理解的农村宅基地，更多地发挥了建设用地的功能，加强监管治理实属必要。

**（二）农村房屋所有权的处分权能**

《中华人民共和国民法典》第240条规定：“所有权人对自己的不动产或者动产，依法享有占有、使用、收益和处分的权利。”据此，农民对自己合法建造的房屋享有占有、使用、收益和处分等各种权利，其中使用、收益向来是被允许的，事实上的处分（拆除重建）也是被允许的，但法律上的处分（转让、抵押）则比较复杂。

仅就事实处分而言，农民拆旧建新的权利获得普遍认可。改革开放几十年来，随着农民收入的增加，农村房屋不断更新换代，从二十世纪七八十年代的茅草房变成青砖大瓦房，然后又变成平房、两三层的楼房。很长时间里，我国法律对于农民自建房屋采取放任自流的态度，《中华人民共和国建筑法》第83条明确将农民自建低层住宅排除在法律规制范围之外。近年来，许多地方出现了越来越多的三层以上农村房屋，国家出于对建筑安全与住

① 参见《温州都市报》报道“温州农民自建房要做法‘五个必须’”，http://news.66wz.com/system/2017/03/29/104978209.shtml，最后访问日期：2021年6月27日。

房规划的考虑，逐渐限制农民建造三层以上的房屋。不过，农民拆旧建新的基本权利依然得到了保障，农民拥有的宅基地与农村房屋所有权发挥了“居者有其屋”的重要功能。

在所有权的功能配置中，农民对农村房屋的事实处分权利与其对农村房屋与宅基地的使用收益连接在一起，主要发挥农村房屋的居住保障功能。至于农村房屋的财产属性与经营利用乃至投资增值的功能，则有赖于国家对农村房屋法律处分功能的认可。从《中华人民共和国民法典》第 362 条规定可以看出，宅基地使用权的本质在于对宅基地进行使用，而使用的基本目的是建造农民自住的住宅。该条规定并未提及宅基地使用权以及农村房屋是否可以转让、抵押，也未规定农村房屋是否可以继承。

当代市场经济条件下，农民以及社会各界对于农村房屋的财产价值越来越看重，农村房屋以及相应的宅基地可否转让、抵押以及继承关系到千家万户的利益，值得特别研究。考虑到农村房屋转让、继承问题的复杂性，以下专门探讨农村房屋的转让（抵押）与继承问题。

## 第三节　农村房屋的有条件转让

传统村落的古建筑能否转让？这一问题与古建筑保护关系甚大，却不好回答，因为关系到我国农村房屋能否转让的问题。而房屋与宅基地的流转是当代中国最热门的话题之一，也是最容易引发争议、最让中央举棋不定的议题。自 2018 年宅基地“三权分置”改革在全国多个地区试点推行以来，有关农村房屋与宅基地流转的严控政策开始走向松动，有必要在新的形势下探讨农村房屋转让的可行性及其限定条件，以便实现农村空闲房屋利用与农民住房保障的平衡。

### 一、现行法律对农村房屋转让的基本立场

#### （一）现行法律与国家政策的相关规定

我国现行法律并未明确禁止农村房屋转让。《中华人民共和国物权法》以及后来的《中华人民共和国民法典》对宅基地的规定都非常简略，《中华人民共和国民法典》第 363 条规定：“宅基地使用权的取得、行使和转让，适用土地管理的法律和国家有关规定”，直接将宅基地流转的规范权限让渡给了单行法律、行政法规甚至是国家政策。

《中华人民共和国土地管理法》对宅基地的规范集中在第 62 条第 1 款强调：“一户一宅”，第 5 款则规定：“农村村民出卖、出租、赠与住宅后，再申请宅基地的，不予批准。”针对该条款，一种观点认为法律只是禁止出卖房屋后重新申请宅基地，并未禁止农村房屋买卖①；另一种观点则认为基于房地一体的法律原理，考虑到对农民长远利益的维护，应当严格限制宅基地使用权的流转，从而主张农村房屋转让给集体经济组织成员之外的，合同无效②。仅就《中华人民共和国土地管理法》第 62 条第 5 款而言，两种主张各有道理，并无绝对的优势学说。

---

① 参见王卫国、朱庆育：《宅基地如何进入市场？——以画家村房屋买卖案为切入点》，载《政法论坛》，2014 年第 3 期。

② 参见胡康生主编：《中华人民共和国物权法释义》，法律出版社，2007 年版，第 340 页。

在国家政策层面，现行法律只允许同村村民（同一集体经济组织成员）之间的房屋买卖，严厉禁止城镇居民购买农村房屋。原本在二十世纪八九十年代，农村房屋是向城镇居民开放的，1998 年《中华人民共和国土地管理法》修订后，国家开始奉行“最严格”的土地管理制度，禁止城镇居民购买农村房屋。1999 年，国务院办公厅发布《国务院办公厅关于加强土地转让管理严禁炒卖土地的通知》（国办发〔1999〕39 号），明确禁止城镇居民购买取得宅基地。2004 年，《国务院关于深化改革严格土地管理的决定》（国发〔2004〕28 号）再次强调“禁止城镇居民在农村购置宅基地”。2007 年，《国务院办公厅关于严格执行有关农村集体建设用地法律和政策的通知》（国办发〔2007〕71 号）规定：“农村住宅用地只能分配给本村村民，城镇居民不得到农村购买宅基地、农民住宅或‘小产权房’。”在最近几年“三权分置”改革的背景下，《中央农村工作领导小组办公室　农业农村部关于进一步加强农村宅基地管理的通知》（中农发〔2019〕11 号）坚持了既有的国家政策，“严禁城镇居民到农村购买宅基地，严禁下乡利用农村宅基地建设别墅大院和私人会馆。严禁借流转之名违法违规圈占、买卖宅基地。”可见，既往二十多年，我国禁止城镇居民购买农村房屋的国家政策是持续的。

需要注意的是，现行各类国家规定诸如国办发〔1999〕39 号、国发〔2004〕28 号与国办发〔2007〕71 号等文件只是禁止城镇居民购买宅基地（包括农村房屋），并未禁止同一经济组织之外的其他农民购买农村房屋。但是，许多地方理解的国家政策是只允许同一集体经济组织内部的成员相互之间转让宅基地与房屋。2019 年《中央农村工作领导小组办公室　农业农村部关于进一步加强农村宅基地管理的通知》（中农发〔2019〕11 号）规定：“在征得宅基地所有权人同意的前提下，鼓励农村村民在本集体经济组织内部向符合宅基地申请条件的农户转让宅基地。”其中隐含的意思是农村宅基地只能向本集体经济组织内部的成员转让，不能向本集体经济组织之外的农民转让。

**（二）司法实践对农村房屋转让的态度**

尽管现行国家政策禁止城镇居民购买农村房屋甚至禁止本集体经济组织之外的农民购买农村房屋，但现实生活中农民转让房屋的行为相当普遍。根据学者调查，早在 2007 年，北京郊区大部分村镇的宅基地流转占到宅基地总数的 10％左右，有的地方甚至高达 40％以上①。2010 年，浙江省通过对 15 个行政村开展抽样调查，发现农村私下转让宅基地的有 8 个村，占到 53.3％②。关于农村房屋的流转对象，朱明芬和邓容 2012 年基于全国六省（市）农户 1010 份问卷调查的结果表明，本村村民占 48.3％；非本村村民（包括外村村民、城里人、法人企业）占 51.7％，其中 43.1％卖给了城里人，6.9％卖给了法人企业③。随着宅基地改革的推进，农村房屋向本乡本县的农民流转乃至向城镇居民流转的比例会越来越高。因为农民转让宅基地的交易为数众多，实践中发生纠纷的情形并不罕见，其中核心争议在于农民向本集体经济组织之外的主体转让房屋的合同效力问题④。

---

① 参见姚丽、魏西云、张波：《北京市郊区宅基地流转问题研究》，载《中国土地》，2007 年第 2 期。

② 参见曹泮天：《宅基地使用权流转法律问题研究》，法律出版社，2012 年版，第 76 页。

③ 参见朱明芬、邓容：《农村宅基地使用权隐性流转情况的实证调查》，载《农村经济》，2012 年第 12 期。

④ 例如北京宋庄画家村宅基地转让案，见北京市通州区人民法院（2007）通民初字第 1031 号判决书与北京市第二中级人民法院（2007）二中民终字第 13692 号判决书。

针对非本集体经济组织成员购买农村房屋的买卖合同效力，我国多数法院通常判决合同无效，也有个别法院判决特定情况下的房屋买卖合同有效①。关于合同无效的事由，法院判决说理比较含糊，一般是引用《中华人民共和国物权法》第 153 条（《中华人民共和国民法典》第 263 条）与《中华人民共和国土地管理法》第 62 条等法条，论证转让农村房屋涉及宅基地使用权的转让，从而违反法律、行政法规的强制性规定，所以无效。值得注意的是，法院判决很少引用国办发〔1999〕39 号、国发〔2004〕28 号与国办发〔2007〕71 号等中央政策文件，而是从修辞上将违反国家政策的农村房屋转让行为包装成违反法律规定的行为。与此相反，在认定合同有效的案件中，法院判决往往针对禁止城镇居民购买农村房屋的国家政策展开，考虑到相关宅基地正在由集体所有转变为国家所有、买受人购买房屋后成为集体组织成员等因素，论证涉案农村房屋买卖合同并不违反禁止将集体土地宅基地转让给城镇居民的规定，从而认定合同有效②。

总体看来，我国法院对待非本集体经济组织成员购买农村房屋的买卖合同相当严厉，严格遵守禁止城镇居民购买农村房屋的国家政策③。人民法院甚至明确了农村房屋只能在同一集体经济组织成员之间转让的规则，农民将农村房屋卖给本集体经济组织之外的其他农民，买卖合同无效，其理由在于买卖双方不属于同一集体经济组织成员的，房屋买卖行为不仅不利于保护农民利益，而且侵害农村集体经济组织的利益④。当然，随着农村宅基地改革的推进，我国法院对待农村房屋买卖的态度也有所松动。2008 年，《最高人民法院关于为推进农村改革发展提供司法保障和法律服务的若干意见》规定："对违反法律、行政法规以及相关国家政策的宅基地转让行为，以及其他变相导致农民丧失宅基地使用权的行为，应当依法确认无效。"2015 年《第八次全国法院民事商事审判工作会议（民事部分）纪要》第 19 条则区分农村土地改革试点地区与非试点地区做了不同处理："在国家确定的宅基地制度改革试点地区，可以按照国家政策及相关指导意见处理宅基地使用权因抵押担保、转让而产生的纠纷；在非试点地区，农民将其宅基地上的房屋出售给本集体经济组织以外的个人，该房屋买卖合同认定为无效。"

现行法律框架下，人民法院判决非本集体经济组织成员购买房屋的买卖合同无效，是符合法律规定的。从规范类型来看，《国务院关于加强土地转让管理严禁炒卖土地的通知》《国务院关于深化改革严格土地管理的决定》等中央文件并非行政法规，而属于国家政策，从而并不构成《中华人民共和国合同法》第 52 条第（5）项（或者《中华人民共和国民法典》第 153 条第 1 款）上的"法律、行政法规"。不过，因为《中华人民共和国物权法》第 153 条（《中华人民共和国民法典》第 363 条）的授权规定，解释上可以认为违反前述国家政策而买卖农村房屋的合同属于违反法律强制性规定的行为，从

---

① 参见高海：《农村宅基地上房屋买卖司法实证研究》，载《法律科学》，2017 年第 4 期；李涛、郑远民：《农村房屋买卖合同效力的司法判决研究》，载《常州大学学报（社会科学版）》，2019 年第 6 期。

② 参见高海：《农村宅基地上房屋买卖司法实证研究》，载《法律科学》，2017 年第 4 期。

③ 上海法院属于少有的例外。上海高院《关于审理农村宅基地房屋买卖纠纷案件的原则意见》（沪高法民〔2004〕4 号文）规定：对于发生在本乡范围内农村集体经济组织成员之间的农村房屋买卖，该房屋买卖合同认定为有效；对于将房屋出售给本乡以外的人员的，如果取得有关组织和部门批准的，可以认定合同有效。

④ 参见江苏省高级人民法院《关于审理房地产合同纠纷案件若干问题的解答》第 10 条。

而认定合同无效[①]。另外一种思路是，参照 2019 年《全国法院民商事审判工作会议纪要》（九民纪要）第 31 条关于违反规章的合同效力的认定，将违反国家政策解释为违背公序良俗，从而判决合同无效。

## 二、有关应否放开农村房屋转让的争议

有关农村房屋能否转让的法律规定含混、复杂，根本原因在于人们对于是否应当放开农村宅基地市场存在巨大争议。当代中国，关心研究农村土地问题的学者大体可以分为两派：一派以文贯中[②]、周其仁[③]、刘守英[④]为代表，主张逐步放开农村宅基地市场，允许农村房屋及宅基地上市交易，面向全国受众进行出售、出租和融资担保；另一派以贺雪峰[⑤]、华生[⑥]、温铁军[⑦]为代表，强调宅基地对于农民的住房保障作用，反对农村宅基地的自由流转。

两派争议的核心在于效率与安全之间的矛盾。一方面，当代中国城市化进程加速，大量农民进城务工、经商乃至定居，广大农村出现了比较普遍的房屋闲置、土地资源浪费的情形，限制农村房屋自由流转的国家政策既制约了土地资源的有效配置，又限制了农民充分利用农村房屋发家致富[⑧]。另一方面，在我国广大的农村地区，多数农民抗击风险的财力有限，农村房屋仍然是农民安身立命的根本，如果开放农村房屋及宅基地自由流转，有可能出现大量农民失去房屋的情形，影响到农民利益保障和社会安定[⑨]。

针对反对派的忧虑，主张农村房屋自由流转的学者特别强调两点：一是要相信农民的理性，农民是自身利益的最佳判断者，绝大多数农民不会在没有充分保障的情况下贸然出卖房屋；二是针对个别出卖房屋同时进城失败后无家可归的农民，可以由政府提供必要的社会保障和救济，不能为了避免极个别人非理性出卖房屋而限制全国绝大多数农民的财产权益[⑩]。就此，反对农村房屋自由流转的学者同样提出了自己的论证：一是不能对农民的理性决策盲目乐观，一旦开放农村房屋自由流转，资本下乡，资本与权力的结合体将会采用各种方式诱导、逼迫农民出卖房屋，实际发生的大量农村房屋转让可能并非出于农民的理性和自愿，我国历史数千年不禁止农村土地转让，历朝历代发生的土

---

① 参见宋志红：《中国农村土地制度改革研究：思路、难点与制度建设》，中国人民大学出版社，2017 年版，第 277 页。

② 参见文贯中：《吾民无地：城市化、土地制度与户籍制度的内在逻辑》，东方出版社，2014 年版，第 109-111 页。与许多学者遮遮掩掩地允许农地流转不同，文贯中则是大声嚷嚷“土地应当私有”。与文贯中针锋相对，华生则说要“直面土地私有问题”，见华生：《新土改：土地制度改革焦点难点辨析》，东方出版社，2015 年版，第 3 页。

③ 参见周其仁：《城乡中国》，中信出版社，2017 年版，第 275-280 页。

④ 参见刘守英：《土地制度与中国发展》，中国人民大学出版社，2018 年版，第 239 页。

⑤ 参见贺雪峰：《地权的逻辑Ⅲ：为什么说中国土地制度是全世界最先进的》，中国政法大学出版社，2018 年版，第 116-120 页。

⑥ 参见华生：《新土改：土地制度改革焦点难点辨析》，东方出版社，2015 年版，第 3-16 页。

⑦ 参见温铁军等：《八次危机：中国的真实经验 1949—2009》，东方出版社，2013 年版，第 30-33 页。

⑧ 参见宋志红：《中国农村土地制度改革研究：思路、难点与制度建设》，中国人民大学出版社，2017 年版，第 281-284 页。

⑨ 参见贺雪峰：《地权的逻辑Ⅲ：为什么说中国土地制度是全世界最先进的》，中国政法大学出版社，2018 年版，第 107-108 页。

⑩ 参见周其仁：《城乡中国》，中信出版社，2017 年版，第 425-426 页。

地兼并和农民流离失所已经证明了一切[①]；二是不能对政府的社会保障寄予过高期望，在少数发达地区，政府可以对居无定所的个别农民提供保障，但在广大中西部农村，政府财政根本无力为大量农民提供宅基地之外的住房保障[②]。

由此可以看出，反对农村房屋自由流转的学者不只是担心农民的理性，更是担心资本，担心大量资本在地方治理的"失序"中冲向农村房屋，利用各种手段收购大量农村房屋[③]。如果出现此种情形，我国社会的安定有序必然面临严重挑战。为了防止出现此种最可怕的情形，为了夯实农村房屋对农民生活的社会保障作用，必须在国家法律层面禁止农村房屋的自由流转，从而将社会资本与可能的腐败挡在农村房屋之外，不能流转就是最大的安全。至于禁止农村房屋转让所导致的大量农村房屋闲置，可以认为是我国在变革时期所支付的特殊保险费用，农村房屋的"冗余量"可以保障我国农村继续发挥推动城市化的蓄水池功能，继续当好我国社会发展的稳定器[④]。

探究起来，当代中国有关宅基地争议的根本原因在于不同学者所观察到的、核心关切的农民形象并不相同。从计划经济发展到如今的市场经济，很大程度上农民的境况已经发生了很大的分化：（1）地区分化，东南沿海或者大城市周边发达地区的农民与广大的中西部偏远地区的农民，事实上生活在完全不同的世界。（2）身份分化，进城打工的农民与定居城市的农民，在很大程度上属于不同的阶层[⑤]。每年 2 亿多往返城乡之间的农民工并不完全是因为户籍制度限制而不能落户城镇，而是受工作稳定性与收入水平所限没有足够的财力定居城市，他们自己一年到头在都市奔波，他们的父母儿女都在遥远的乡村，这些农民工客观上需要稳定的宅基地提供后勤保障。还有不少户籍意义上的农民很早就因为各种机缘获得了发家致富的机会，通常是因为经商或者担任公司中层管理人员获得比较多的财富，已经安家在都市，远在农村的宅基地对他们只是一种补充而已。（3）代际分化，还有一些学者提到了不同时代农民工的不同想法，新生代农民工（"80后""90后"）已经与第一代农民工（"60后""70后"）有了很大不同，他们更多地融入都市生活，希望定居都市的愿望也更加迫切[⑥]。不过，在社会经济地位没有根本改变的情况下，新生代农民工与第一代农民工同样需要农村宅基地和农村住房的保障[⑦]。

## 三、宅基地"三权分置"改革的试点探索

### （一）宅基地"三权分置"改革的实践做法

支持农村房屋自由流转的意见与反对农村房屋自由流转的意见长期论战，彼此胶

---

① 参见华生：《新土改：土地制度改革焦点难点辨析》，东方出版社，2015 年版，第 7-8 页。

② 参见贺雪峰：《地权的逻辑Ⅲ：为什么说中国土地制度是全世界最先进的》，中国政法大学出版社，2018 年版，第 110-112 页。

③ 参见向勇：《中国宅基地权利发展研究》，中国社会科学出版社，2016 年版，第 102-103 页。

④ 参见贺雪峰：《地权的逻辑Ⅲ：为什么说中国土地制度是全世界最先进的》，中国政法大学出版社，2018 年版，第 113-114 页。

⑤ 参见刘双良、秦玉莹：《农民阶层分化背景下宅基地流转与农民房屋保障联动的内在逻辑与传导路径》，载《农村经济》，2020 年第 1 期。

⑥ 参见郭贯成、祝晓天：《代价差异视角下农户宅基地退出意愿影响因素研究》，载《江苏农业科学》，2018 年第 15 期。

⑦ 苑鹏、曲颂的调研表明，农民工退出宅基地的意愿在代际、受教育程度以及就业稳定性方面并无显著差异。参见苑鹏、曲颂：《进城农民工"三权"退出意愿实证研究》，载《河北学刊》，2020 年第 5 期。

着，中央的宅基地改革则试图探索第三条道路。

自 2014 年中央在全国 33 个试点推行新一轮土地改革伊始，就有不少地方探索农村宅基地“三权分置”改革，希望通过将原来“集体土地所有权＋集体成员的宅基地使用权”改为“集体土地所有权＋集体成员资格权＋宅基地使用权”的模式来同时兼顾农民居住权益的保障和农村房屋的市场化流转。2018 年中央一号文件在总结既有经验的基础上，正式提出宅基地“三权分置”改革的指导方针，即“完善农民闲置宅基地和闲置农房政策，探索宅基地所有权、资格权、使用权‘三权分置’，落实宅基地集体所有权，保障宅基地农户资格权和农民房屋财产权，适度放活宅基地和农民房屋使用权。”其后，根据中央决策部署，在全国更多试点范围内展开了宅基地“三权分置”改革的探索。

因为中央层面并无具体的改革路径和方案，我国各地试点区域分别探索了不同的宅基地“三权分置”改革模式。（1）直接允许一定期间内的、有偿的宅基地使用权流转，这种方式在浙江的德清、义乌、绍兴柯桥区，安徽旌德等地比较流行。例如，《德清县农村宅基地管理办法（试行）》第 33 条第 1 款规定：“宅基地使用权经村股份经济合作社同意报所在地镇人民政府（街道办事处）批准后，可以抵押、出租、转让。”第 39 条规定宅基地使用权出租年限不得超过 20 年，第 40 条规定宅基地使用权的转让年限不低于 5 年，不超过 30 年。再如，《义乌市农村宅基地使用权转让细则（试行）》将宅基地使用权的受让人限定为拥有义乌市农村户口者，第 7 条特别规定：“跨集体经济组织转让实行宅基地所有权、资格权和使用权相分离，转让后使用年限最高为 70 年，使用期届满后受让人可优先续期，并实现有偿使用。”在此，义乌市允许宅基地使用权流转 70 年而且可以续期，几乎是在宅基地上创造了相当于国有土地建设用地使用权一样的农村住宅用地使用权，转让方原来享有的宅基地使用权名存实亡。相比之下，德清县的方案比较注重转让农民的宅基地使用权与受让人宅基地利用权利之间的平衡。（2）允许农民与社会资本合作建房，农户提供宅基地，社会主体提供建房资金，双方按照约定共享房地产权利，这种方式以四川泸县的做法最为典型①。在此，农户并未退出宅基地使用权，而是通过合作建房获得了土地开发的利益，等于是为社会主体创造了一部分的建设用地使用权。（3）以租赁方式盘活农村闲置房屋，强调农村房屋的出租而不是宅基地使用权的出租，这种方式以北京为代表②。其实，很难说北京的试点方案是一种“三权分置”改革方案，因为北京的方案强调农民的宅基地使用权与房屋所有权保持不变，只是允许房屋出租而已，并不涉及宅基地使用权的改变。

**（二）“资格权”“使用权”的含义界定**

因为“三权分置”改革仍在探索之中，各地推行的具体方案差异极大，“三权分置”中“资格权”“使用权”的含义众说纷纭。

关于“资格权”，有学者强调中央文件和地方改革试点的用语界定不同，认为资格权是指农民作为集体经济组织一员的成员权③，有学者则认为中央文件中所采用的“资格权”用语放在宅基地法律体系之内的实际含义就是《中华人民共和国物权法》所规定

---

① 参见陈小君：《宅基地使用权的制度困局与破解之维》，载《法学研究》，2019 年第 3 期。

② 参见李兴宇：《宅基地“三权分置”中的“使用权”：试点样态与法律设计》，《新疆社会科学》，2020 年第 4 期。

③ 参见程秀建：《宅基地资格权的权属定位与法律制度供给》，《政治与法律》，2018 年第 8 期。

的宅基地使用权[①]，还有学者认为“资格权”是指农民流转宅基地使用权之后所剩余的一部分权利[②]。近年来，越来越多的学者将“资格权”界定为基于集体组织成员权而获得宅基地分配的资格权，同时又认为这种身份属性的资格权不在财产权属性的“三权分置”权利构造之内[③]，等于是默认“三权分置”中的资格权实为《中华人民共和国民法典》规定的宅基地使用权。也有学者坚持认为“三权分置”中的“资格权”就是指农民获得宅基地分配的资格，但未说明农民享有的宅基地分配资格权与“三权分置”中的“使用权”之间有何关系[④]。

关于“三权分置”中的“使用权”，则存在更多的不同理解[⑤]，有些学者认为“三权分置”中的“使用权”就是《中华人民共和国物权法》所规定的宅基地使用权，有些学者认为“使用权”是建构在现行宅基地使用权之上的次级权利（比如地上权）[⑥]，还有些学者认为“使用权”是指现行宅基地使用权的法定租赁权[⑦]或者特殊的租赁权[⑧]。

学术界针对宅基地“三权分置”改革中“资格权”“使用权”的概念辨析不是纯粹的理论探索，而是涉及宅基地变革的制度设计。如果将“资格权”理解成抽象的宅地基分配取得资格，“使用权”就可能被界定为类似于宅基地使用权的一种权利，从而为实质意义上的宅基地使用权流转铺平道路；如果坚持认为“资格权”相当于农民的宅基地使用权，“使用权”就不可能是另外一种意义上的宅基地使用权，而只能是从农民的宅基地使用权中分化出来的一种次级物权或者租赁债权，从而在事实上阻止宅基地使用权的自由流转。从目前各地的改革试点来看，义乌模式接近于宅基地使用权的自由流转，德清模式对于保障农民的宅基地使用权则有更多的考虑。因为各地做法存在实质差别，中央文件可能是有意保持“三权分置”用语的模糊性，以便为改革探索预留空间。

## 四、宅基地使用权流转的逻辑转换

有关宅基地“三权分置”改革的准确内涵与具体方式，学者聚讼纷纭，但总的趋势是支持一定程度上的宅基地流转。如果在政策上允许宅基地流转，就需要在逻辑上解决一个前提问题，作为农民住房保障的宅基地使用权，原本具有身份性、无偿性、永久性特征，如何进行市场化流转？

众所周知，1982 年《中华人民共和国宪法》确立了社会主义土地公有制，农村土地属于集体经济组织所有，为了保障农民的居住权益，农民可以按照“一户一宅”政策

---

① 参见席志国：《民法典编纂视域中宅基地“三权分置”探究》，《行政管理改革》，2018 年第 4 期。

② 参见孙建伟：《宅基地“三权分置”中资格权、使用权定性辨析——兼与席志国副教授商榷》，《政治与法律》，2019 年第 1 期。

③ 参见李兴宇：《宅基地“三权分置”中的“使用权”：试点样态与法律设计》，《新疆社会科学》，2020 年第 4 期。管洪彦：《宅基地“三权分置”的权利结构与立法表达》，载《政法论坛》，2021 年第 3 期。

④ 参见宋志红：《宅基地资格权：内涵、实践探索与制度构建》，载《法学评论》，2021 年第 1 期。

⑤ 详细介绍，参见李兴宇：《宅基地“三权分置”中的“使用权”：试点样态与法律设计》，《新疆社会科学》，2020 年第 4 期。

⑥ 参见席志国：《民法典编纂视域中宅基地“三权分置”探究》，《行政管理改革》，2018 年第 4 期。

⑦ 参见孙建伟：《宅基地“三权分置”中资格权、使用权定性辨析——兼与席志国副教授商榷》，《政治与法律》，2019 年第 1 期。

⑧ 参见李兴宇：《宅基地“三权分置”中的“使用权”：试点样态与法律设计》，《新疆社会科学》，2020 年第 4 期。

申请获得宅基地使用权。一般认为，宅基地使用权是集体经济组织给予农民的一项福利保障，只要农民的集体经济组织成员身份存在，相应的宅基地使用权就可以无偿地、永久地存续下去，乃至世世代代延续。同时，此项宅基地使用权为农民自身利益而存在，具有人身专属性，不得转让，不得继承，农民离开村庄从而失去集体经济组织成员身份后，宅基地使用权还要被集体经济组织收回。可见，农民宅基地使用权的高福利性质是与其人身专属性融合在一起的，本身具有限制流转的内涵。如果允许农民将宅基地使用权原封不动地流转给集体经济组织之外的其他人，等于是非集体经济组织成员也获得了一种永久的、同时近乎无偿的宅基地使用权，这与宅基地使用权为集体经济组织成员提供居住保障的功能定位不符，而且在很大程度上架空了集体土地所有权，为我国宪法秩序所不容①。

另一方面，宅基地使用权的福利保障属性并不绝对排斥宅基地使用权的财产属性。历史上看，中华人民共和国成立后，通过"打土豪、分田地"，农民已经获得了土地所有权，后来基于人民公社的需要才将私人所有的土地汇聚到集体②，农村土地集体所有原本由农民土地私人所有转换而来，其中蕴含着农民的个人权益。就宅基地来说，许多农民的宅基地属于百年传承的祖宅，即便从中华人民共和国成立算起，许多宅基地也在集体经济组织获得农村土地所有权之前已经产生了，宅基地使用权不单纯是集体经济组织给予农民的一项福利，在很大程度上也是农民让渡土地所有权给集体而必然享有的一项自然法权利。而且，集体所有毕竟不同于国家所有，介于国家所有与私人所有之间的集体所有必然要认可集体成员对集体财产的私人权益，城乡变革的时代背景也会推动宅基地和农村房屋同时具有住房保障属性与财产属性。为了推动城乡统筹发展，为了增加农民收益，中央政策在很大程度上认可了宅基地与农村房屋的财产属性，允许农民从宅基地和农村房屋的适当流转中获益。

目前的问题是，宅基地使用权如何从一个封闭的、人身性的、无偿的、永久的使用权转换为一种市场化的财产权益？首先，身份属性的永久宅基地使用权需要转化为有期限的使用权，这个期限可能是类似于住宅国有土地使用权的 70 年，也可能是时间更短的 50 年，甚至是 20 年、30 年。其次，新的市场化宅基地使用权，必然是有偿的，除了转让农民收取的转让费之外，未来续期时农村集体经济组织也要收取一定的费用。最后，有期限的、有偿的宅基地使用权必然要成为一种可交易的财产，与之相伴的再转让、抵押等权益设计将是不可或缺的。

我国各地"三权分置"改革试点的经验同样表明：在法律内涵上，宅基地使用权流转中的宅基地已经不再是原来的宅基地。无论是采取宅基地转让、宅基地出租还是宅基地入股等方式，都是在创设不同于《中华人民共和国物权法》（《中华人民共和国民法典》）的新的宅基地利用权利。不过，不管创设什么样的宅基地利用权利，农民原本拥有的宅基地使用权已经没有办法原封不动，同一块土地上只能建造一栋房屋，这就是原来的宅基地使用权虚化为"资格权"或者宅基地使用权在相当长一段时期内虚置的逻辑

---

① 参见宋志红：《宅基地"三权分置"的法律内涵和制度设计》，载《法学评论》，2018 年第 4 期。

② 关于农村土地所有制变革的梳理，参见程雪阳：《中国地权制度的反思与变革》，上海三联书店，2018 年版，第 40-62 页。

必然。所以，纵然是宅基地出租或者宅基地入股，也是某种意义上的宅基地转让（流转），必须慎重对待。

## 五、农村房屋转让的限定条件

宅基地“三权分置”改革的具体方式众多，有些并不涉及农村房屋的转让问题，比如农村房屋出租、农村房屋用于农家乐、民宿等经营活动，但其中核心无疑在于农村房屋转让，社会各界关注与学者争论的重心都在农村房屋转让。

农村房屋转让或者涉及农村房屋转让的宅基地流转，首先需要考虑转让人的居住保障问题。为了避免转让人出售房屋后居无定所，必须对农村房屋转让设置严格的限定条件：

第一，试点区域的限制。相当长一段时期内，农村房屋转让不宜全面铺开，而依然要坚持试点探索，可以优先放开长三角、珠三角地区和其他大城市周边市县，中西部的广大农村只在矿业村、旅游村等有市场资源的特定村落开放。试点区域探索不强求在市、县的辖区内全面推行，可以考虑特定乡镇、特定村落的情形因地制宜。核心考虑因素是试点区域的经济发达程度与政府财政能力，发达地区的农民离开乡村后可以获得更多的就业机会，也有更多的村集体福利保障，对于个别需要救助的农民，当地政府也有充足的财力支撑，即使有众多农民转让宅基地和房屋，通常也不会引发大的社会问题。

第二，转让主体的限制。农村房屋的转让人必须在待售房屋之外拥有其他农村房屋或者城镇房屋的所有权，确保转让房屋之后依然享有住房保障。“三权分置”改革的目的就在于解决农村房屋闲置问题，农民本身“一户多宅”或者已经在都市地区购买房产，则没有必要限制其出卖闲置的农村房屋。如果农民本身只有一处房屋，则不允许其出售、抵押房屋，遇到疾病、贫穷而被迫出售居住房屋的情形，政府应当提供必要的社会救助而不是同意其出售房屋。目前，“三权分置”改革实践中，一些地方将农民在都市地区的租房合同认定为住房保障，轻易允许相对弱势的农民出售房屋，此种做法需要调整。

第三，受让主体的限制。受让主体不应当存在身份限制，但需要限制购买数量。自1999年以来，中央基于维护城市房价和限制资本下乡等考虑，一直严格禁止城镇居民购买农村房屋，在“三权分置”改革中同样强调“严格禁止资本下乡利用农村宅基地建设别墅大院和私人会馆”。但是，客观地说，禁止城市居民在农村建造别墅大院和私人会馆的实际效果比较有限，许多发达地区的农村房屋本身就是别墅大院，商业经营中改造为私人会所的情形并不罕见，在中央允许社会资本参与乡村建设的背景下，必然涌现更多的别墅大院和私人会所，只是不会给自己贴上别墅大院和私人会所的标签而已。目前“三权分置”改革中，各地都坚持禁止城镇居民购买农村房屋的国家政策，只是允许以入股、合作的名义从事养老、康体等房地产开发。事实上，不少城镇居民存在购买农村房屋居住养老的客观需要，应当允许其直接从农民手中购买闲置房屋。至于防范大量资本涌入乡村，只要限制购买人的购房数量即可。比如原则上一个自然人只能购买一处农村房屋，防止出现炒房人大量囤积农村房屋的情形。当下实践中，一些地方只是限制同一购房人在一个村落购买一处房屋，事实上无法防范农村的炒房行为。有条件购买农村房屋的本市、本县各集体经济组织成员（农村户口人员），很多都是成功定居都市的农民企业家、老板等，并不需要法律的特别照顾，反而是许多居无定所的城市百姓需要获得一个购买农村房屋的机会。

## 六、结论

出于保障农民居住条件以及维护社会稳定的目的，我国现行法律政策对农村房屋以及相应的宅基地使用权转让采取严格限制立场，严禁农民向本集体经济组织之外的农民或者城镇居民转让宅基地使用权。不过，随着宅基地“三权分置”改革的推行，农民的土地权利意识不断增强，适当放开宅基地使用权流转以增加农民财产收益已经成为可能的政策选项。笔者认为，为了维持安定团结的大局，当代农村的宅基地使用权流转尚不能完全放开，而应当有序推进。在珠三角、长三角以及大城市周边乡村，考虑到当地农民具有较多的收入机会，同时，当地政府具有比较强大的社会保障财力，可以允许农民将其闲置房屋以及相应的宅基地使用权转让给其他村民或城镇居民。同时，为了避免资本下乡炒卖农村房屋，应当限制同一主体购买农村房屋的数量。

# 第四节　农村房屋的继承可行性

传统村落的古建筑可以通过继承一代一代地延续下去，这是毫无疑问的，问题是古建筑继承人除了获得房屋所有权外，是否同时获得古建筑所附着其上的宅基地的使用权，这一问题涉及当下中国比较热门的农村房屋继承问题。

随着我国社会发展，大量农村人口因为求学、打工、经商等各种原因落户城市，从而丧失农村集体经济组织成员的资格。当这些城市定居者的农村亲属去世，发生农村房屋继承问题时，就会遇到城镇居民是否有权继承农村宅基地使用权的疑问。针对这一问题，我国法律并无明确规定，实践中司法判决不一，学者们的主张也不尽相同，有必要进行深入研究。

## 一、现行法关于宅基地使用权继承的规定

《中华人民共和国民法典》与《中华人民共和国土地管理法》都没有直接规定农村的宅基地使用权是否可以继承，司法实践与学术界讨论通常都是围绕着房屋继承引发的宅基地使用权继承问题展开。

根据《中华人民共和国民法典》规定，农民享有宅基地使用权，可以依法建造房屋，进而获得所建造房屋的所有权。根据《中华人民共和国民法典》第 1122 条规定，除非法律另有规定，自然人死亡时遗留的合法财产可以继承，所以农村房屋作为遗产可以继承。基于“房地一体”的自然规律与法律规定，当继承人继承农村房屋时，农村房屋所附着于其上的宅基地使用权可能会随之发生继承[①]。就此，《国土资源部、中央农村工作领导小组办公室、财政部、农业部关于农村集体土地确权登记发证的若干意见》（国土资发〔2011〕178 号）中规定：“已拥有一处宅基地的本农民集体成员、非本农民

---

① 参见宋志红：《中国农村土地制度改革研究：思路、难点与制度建设》，中国人民大学出版社，2017 年版，第 280 页。

集体成员的农村或城镇居民，因继承房屋占用农村宅基地的，可按规定登记发证，在《集体土地使用证》记事栏应注记‘该权利人为本农民集体原成员住宅的合法继承人’”。不少学者认为，该条规定明确了城镇居民对宅基地使用权的继承权①。司法实践中，也有不少法院判决认可城镇居民对宅基地使用权的继承②。

然而，因为继承房屋而获得的宅基地使用权并非高枕无忧。一种广泛流传的观念认为，城镇居民所获得的宅基地使用权的期限应仅限于房屋存续期间，如果房屋坍塌不能居住时，相应的宅基地使用权由村集体收回①。为了限制继承来的宅基地使用权长期存续，不少地方要求继承人不得对房屋进行改建、翻建，极端的情况下甚至不允许对房屋进行维修、加固。显然，这里的宅基地使用权依赖于房屋而存在，并非真正的宅基地使用权。农业农村部 2020 年 3 月发布的《农村宅基地管理法律政策问答》第 22 条直接规定“农村宅基地不能继承，农房可以依法继承”，因为房地无法分离，继承人继承房屋取得房屋所有权后，可以依法使用宅基地，但并不取得用益物权性质的宅基地使用权。

如何理解宅基地使用权不能继承呢？官方的解释是：宅基地使用权是农村集体经济组织给予集体成员的一项福利，以户为单位，“一户一宅”，当户内成员因为死亡或者迁出而导致户消灭时，宅基地使用权归于消灭，根本不发生继承问题③。针对宅基地使用权的继承，有法院认为，当宅基地上的房屋不存在时，相应的宅基地不能继承，因为“农村村民系基于其在该集体经济组织生存所需而无偿取得宅基地使用权”④。在此，法院根据宅基地使用权的人身专属性、无偿性来论断宅基地使用权不能继承，此种思路在《中华人民共和国民法典》中也能找到根据。《中华人民共和国民法典》第 1122 条第 2 款规定：“依照法律规定或者根据其性质不得继承的遗产，不得继承。”解释上，确实可以将宅基地使用权界定为人身专属的财产，从而“依据其性质”不得继承。

回头再来推敲《国土资源部、中央农村工作领导小组办公室、财政部、农业部关于农村集体土地确权登记发证的若干意见》（国土资发〔2011〕178 号）的规定，可以发现其用语非常谨慎。该规定并未明确城镇居民可以继承宅基地使用权，只是允许城镇居民“因继承房屋占用农村宅基地”，法律只承认城镇居民是“本农民集体原成员住宅的合法继承人”而不承认其为农村宅地基使用权的继承人。综合来看，现行国家政策并不认可城镇居民的宅基地继承权⑤。

## 二、城镇居民继承宅基地使用权的正当性

笔者认为，自政策考量的角度来说，应当认可城镇居民对宅基地使用权的继承权，理由如下：

第一，从宅基地使用权的历史演变来看，农村房屋的继承人对宅基地使用权拥有自然

---

① 参见杨琛：《城镇居民可否继承超面积的宅基地》，载《中国土地》，2020 年第 6 期，第 59 页。

② 如广西壮族自治区西林县人民法院（2015）西民一初字第 195 号民事判决书；山西省忻州地区（市）中级人民法院（2012）忻中行终字第 31 号判决书。

③ 农业农村部《农村宅基地管理法律政策问答》第 22 条。

④ 重庆市第四中级人民法院（2013）渝四中法民终字第 01144 号民事判决书。

⑤ 参见刘露：《解释论视角下宅地基使用权的继承性研究》，载《华东政法大学学报》，2019 年第 1 期。

法权利。众所周知，中华人民共和国成立后，通过“打土豪、分田地”，实现了“耕者有其田、居者有其屋”，广大农民获得了梦寐以求的土地所有权。后来随着社会主义改造的推进，在人民公社时期，每家每户的房屋用地入社成了集体所有，失去了土地所有权的农户获得了相应的宅基地使用权①。许多农村宅基地乃是世代流传，即使是中华人民共和国成立后新批的宅基地也有不少早于集体土地所有权的产生时间。在此意义上，宅基地使用权不仅仅是农村集体组织对集体成员的一种生活保障，同时带有一定的财产权利内涵，因而不再拥有集体成员身份的城镇居民继承农村房屋具有一定的正当性。

第二，从继承房屋的城镇居民与集体经济组织的关系来说，农村房屋继承人通常是集体经济组织的前成员或者是集体经济组织成员的近亲属，具有一种集体经济组织准成员的身份。许多城镇居民之所以失去集体经济组织成员的身份，只是因为落户城市，并非他们自愿脱离集体，他们与从小生活的村庄之间仍然存在割舍不断的情感牵连。有些城镇居民并非集体经济组织的前成员，但也都是集体经济组织成员的近亲属，通常是子女或者孙子女，与村庄存在千丝万缕的联系，文化传统也被认为是某个村子的人，可以认为是集体经济组织的准成员。无论是集体经济组织的前成员还是准成员，其继承农村的宅基地使用权都具有天然的正当性。

第三，从国家放松宅基地与户籍绑定的趋势来看，应当认可城镇居民对宅基地的继承权。针对进城农民的宅基地使用权，《国土资源部关于进一步加快宅基地和集体建设用地确权登记发证有关问题的通知》（国土资发〔2016〕191 号）规定：“农民进城落户后，其原合法取得的宅基地使用权应予以确权登记。”《中共中央　国务院关于坚持农业农村优先发展做好“三农”工作的若干意见》（中发〔2019〕1 号）进一步强调：“不得以退出承包地和宅基地作为农民进城落户条件”。就农民自身一代来说，农民获得城镇户口（通常导致其丧失集体经济组织成员资格）后依然可以保留宅基地使用权；同理，农民的后代（子女或者孙子女）拥有城镇户口，应当也不影响其继承宅基地使用权。

第四，从宅基地“三权分置”改革的大趋势来看，国家政策越来越认可农民对宅基地拥有的财产权，宅基地继承的正当性更加凸显。如果将宅基地定位于对居住在农村的集体经济组织成员的住房保障，完全否认宅基地的财产属性，不允许宅基地转让和继承就是理所当然的。但是，宅基地本身具有保障性与财产性两种并存的属性，而且随着社会发展，宅基地的财产属性将不断增强。自 2014 年以来，在各地推行的宅地基“三权分置”试点改革中，不断强调农民对宅基地与农村房屋享有的财产权益，允许宅基地在相当大范围内转让，已经在很大程度上淡化了宅基地的身份属性。在此背景下，不再拥有集体经济组织成员身份对农村房屋继承的影响也会变弱很多，从而使已经离开村庄的城镇居民继承农村房屋的合理性得到增强。

第五，从宅基地买卖与宅基地继承的区分来看，限制城镇居民购买农村宅基地的国家政策并不妨碍城镇居民通过继承获得宅基地使用权。自 1999 年《国务院办公厅关于加强土地转让管理严禁炒卖土地的通知》（国办发〔1999〕39 号）以来，中央不断发文禁止城镇居民购买农村宅基地，其主要目的在于控制资本下乡炒卖农村房产从而影响到农村房屋对农民的居住保障功能。但在城镇居民继承宅基地使用权的情形，国家所担心

① 参见程雪阳：《中国地权制度的反思与变革》，上海三联书店，2018 年版，第 37-60 页。

的资本下乡炒房、农民失去房屋等问题都不存在。允许城镇居民继承宅基地使用权，并非打开“潘多拉魔盒”，而只是允许村庄的子孙继承了村庄的财产，具有文化习俗上的正当性。在广大农村，农民们并不会认为失去了农村户口的“户”就消亡了，而是从习惯上认可定居城市的农户子孙对农村房屋及其宅基地的继承，那种概念上推导出来的将“农户”消灭的宅基地使用权收归集体分配给其他成员的想法，就连村庄的现有农民也不认同。

第六，从土地承包经营权与宅基地使用权的功能区分来看，城镇户口不能取代宅基地使用权，不能因为农村房屋的继承人拥有城镇户口而否定其宅基地继承权。改革开放之初，农民落户城镇就算是脱离集体经济组织，其历史背景是落户城镇的原农民或者农民子女确定可以拥有工作、住房等各种保障，可以过上比农民更好的生活，没有必要再保留集体经济组织成员身份所能提供的微薄保障。但是，市场改革以来，城镇户口所蕴含的社会保障功能相对弱化，高企的房价和其他生存成本不是一个城镇户口就能轻松化解的。就目前国情来说，城镇户口的价值主要体现在高于农村标准的社保上面，是一种最基本的生存保障（吃饭问题），对应的是农村的土地承包经营权，而非宅基地使用权。所以在一些地方的农村土地改革中才会实行“两分两换”（比如嘉兴），以土地承包经营权换社保，以宅基地使用权换城镇住房①。可见，承认出身农家子弟的城镇居民对农村宅基地的继承权具有正当性，犹如承认城镇居民对城镇房屋及其土地使用权享有继承权一样。

第七，从农村房屋与宅基地利用的现实情况来看，应当承认城镇居民对宅基地的继承权。众所周知，“房地一体”，农村房屋无法脱离宅基地而存在，而且房屋价值的大部分在于宅基地，限制城镇居民继承宅基地使用权，进而限制继承人对房屋进行修缮、改建，很大程度上侵害了农民的房屋所有权，也妨碍了继承权的实现②。实践中，限制继承人对房屋进行翻建、改建的实际价值不大，对于多数守法者，造成社会资源的重大浪费；对于少数不讲规则者，翻建、改建获得查处的概率极小，反而有损法律尊严。

第八，从我国历史文化传承的角度来说，应当肯定城镇居民对农村宅基地的继承权。随着社会的发展，越来越多的家庭、家族将会整体离开村庄，家族中可能没有人保留农村户籍，但这不等于该家族就真的“绝户”了，不意味着该家族不再在乎故乡祖宅与叶落归根之地。肯定城镇居民对农村宅基地的继承权，有利于维系离乡人员与传统村落之间的感情纽带，有利于实现乡村振兴、保留传统的乡土文化传承。至于一些农村存在的地少人多的矛盾，随着大量农民进城会不断得到缓解，辅之以一定的宅基地使用权流转，问题可以得到解决。

## 三、城镇居民继承宅基地使用权的法律保障

因为现行法律并未明确否定城镇居民的宅基地继承权，所以肯定城镇居民对宅基地使用权的继承也无须借助修法来实现，只需在国家政策层面予以明确即可。针对《中华人民共和国民法典》第 1122 条规定，解释上，可以认为宅基地使用权同时具有保障属

① 参见向勇：《中国宅基地权利发展研究》，中国社会科学出版社，2016 年版，第 127-134 页。

② 参见齐恩平、孙一君：《非集体成员继承农村房屋引发的权利冲突及其化解》，载《天津法学》，2020 年第 1 期，第 9 页。

性与财产属性，并非“根据其性质不得继承的遗产”。至于《国土资源部、中央农村工作领导小组办公室、财政部、农业部关于农村集体土地确权登记发证的若干意见》（国土资发〔2011〕178号）的规定，虽然其用语是“占用农村宅基地”，但完全可以将其理解为城镇居民是因为继承了宅基地使用权而占用宅基地，从而在颁证登记上为宅基地继承提供方便。

值得一提的是，有学者考虑到宅基地无偿、永久的特点，反对宅基地的继承，主张以法定租赁权来替代宅基地使用权的继承①。但是，一方面，法定租赁权所预设的前提“房地分离”主义与我国立法与司法实践所坚持的“房地一体”主义不合，另一方面，要求继承农村房屋的城镇居民向村集体支付租金缺乏正当性，因此法定租赁权的建议不具有可行性②。

此外，还有学者倾向于肯定宅基地使用权的继承，但考虑到宅基地使用权的人身专属性，主张通过给宅基地使用权设定期限来转变宅地基使用权的法律属性，彰显其财产价值从而方便继承，同时有利于确保集体土地所有权的核心地位②。笔者认为，此处存在集体主义的迷惑。众所周知，集体所有是介于国家所有与私人所有之间的状态，尽管集体所有是超越于具体村民成员之上的抽象的集体所有并非集体成员共有③，但集体所有必然包含着集体成员的利益，所以当代农民才会生出一种土地产权幻觉④。事实上，当代中国农民存在两种截然相反的土地权利观念：珠三角的农民认为集体所有的土地就是自己的，应当由村集体将各种收益全部分配给村民⑤；而苏南地区的农民则更多地认为集体土地就是集体的，并不是自己的，村民无权瓜分集体收益⑥。近年来，在学者倡导⑦与各地推动下，我国农村越来越多地成立各种合作社或者股份合作社来作为集体经济组织享有包括集体土地所有权在内的各种集体资源和权益，而农民再通过社员或者股东的身份从集体中分享土地收益等各种好处。国家政策层面，2020年，农业农村部发布《农村集体经济组织示范章程（试行）》来规范经济合作社与股份经济合作社⑧。随着“政社分开”的推进，农村集体经济组织越来越代表农民成员的利益，以维护土地集体所有权之名来限制农民个人拥有的宅基地使用权，显然自相矛盾。所以，笔者认为，除了缓解同村村民无地可分的现实困境而对“一户多宅”的宅基地使用设置期限外⑨，对农民享有的一般宅基地使用权不应当设置期限。

笔者主张真正的宅基地继承，继承宅基地使用权的城镇居民可以继续无偿、永久使用宅基地，也可以在法律政策允许的情况下将宅地基使用权转让交易，同时有权在宅基地置换中获得充分补偿。

---

① 参见张建文、李红玲：《宅基地使用权继承取得之否定——“宅基地”法定租赁权之解释路径》，载《河北法学》，2016年第12期，第32-37页。

② 参见高海：《宅基地使用权继承：案例解析与立法构造》，载《东方法学》，2018年第5期。

③ 参见程雪阳：《中国地权制度的反思与变革》，上海三联书店，2018年版，第96页。

④ 参见陈胜祥：《中国农民土地产权幻觉研究》，中国社会科学出版社，2015年版，第164-165页。

⑤ 参见贺雪峰：《地权的逻辑Ⅲ：为什么说中国土地制度是全世界最先进的》，中国政法大学出版社，2018年版，第188页。

⑥ 参见贺雪峰：《地权的逻辑Ⅲ：为什么说中国土地制度是全世界最先进的》，中国政法大学出版社，2018年版，第194页。

⑦ 例如程雪阳：《中国地权制度的反思与变革》，上海三联书店，2018年版，第183-185页。

⑧ 相关分析，参见宋志红：《论农民集体与农民集体经济组织的关系》，载《中国法学》，2021年第3期。

⑨ 参见高海：《宅基地使用权继承：案例解析与立法构造》，载《东方法学》，2018年第5期。

### 四、结论

我国现行法律政策将宅基地使用权定位于农民集体经济组织对于本村集体成员给予的一种居住保障，强调宅基地使用权的身份属性，从而禁止本村集体成员之外的主体对宅基地使用权的继承，只是在农村房屋继承的情况下承认房屋继承人对宅基地的有限占用。鉴于农村宅基地多数属于祖祖辈辈相传的祖宅，同时考虑到继承农村房屋的城镇居民通常是本村集体经济组织的前成员或者集体成员的子女，农村房屋的继承人继承相关的宅基地使用权具有天然的正当性。与农村房屋的转让不同，宅基地使用权的继承并不会导致出现大量农民丧失宅基地以至于无家可归的情况，从法律政策的正当性与可行性等方面都应当肯定农村房屋继承人对宅基地使用权的继承权。继承农村房屋和宅基地使用权的城镇居民，作为集体经济组织的前成员或者准成员，在宅基地使用权的行使上，应当拥有与集体经济组织成员一样的权利，只是无权申请新的宅地基而已。

## 第五节　本章小结

本章首先界定了传统村落与古建筑的内涵，明确传统村落古建筑的边界范围，并强调从传统村落古建筑属于农村房屋这个角度来把握传统村落古建筑的私权属性，尝试根据我国《中华人民共和国民法典》以及《中华人民共和国土地管理法》等法律来构建农村房屋的权利结构。

基于“房地一体”的自然规律与法律政策，我国农村房屋所有权当中包含着农民享有的宅基地使用权，农村房屋所有权与宅基地使用权属于一体两面的关系。根据《中华人民共和国民法典》规定，农民对自己的宅基地与房屋享有占有、使用、收益、处分各种权利，尤其是可以利用宅基地建造房屋，并对房屋进行拆旧建新，不断改善自己的居住条件。目前的国家政策进一步鼓励农民对宅基地和房屋进行利用，可以开展加工生产、民宿、农家乐、旅游、出租等各种各样的经营活动。

现行法律政策一方面积极保障农民对农村房屋的使用收益与事实处分（拆旧建新）权利，另一方面则严格限制农民对农村房屋以及宅基地使用权的法律处分。为了强调宅基地使用权专属于本集体经济组织成员，我国目前的法律政策禁止城镇居民购买农村房屋，在城镇居民继承农村房屋的情况下则禁止其继承宅基地使用权。不过，随着宅基地“三权分置”改革的推进，越来越多的地方允许农民将宅地基使用权在一定期限内流转。未来随着改革的深入，农村房屋的继承人也有可能获得对宅基地使用权的继承权。

从传统村落古建筑保护的角度来说，我国现行宅基地法律政策对古建筑保护存在双重不利影响。一方面，农村房屋不能自由流转限制了古建筑的有序转让和盘活利用；另一方面，农民对一般农村房屋享有拆旧建新的权利又对古建筑形成巨大压力。单从宅基地使用权自身来看，农民可以利用宅基地建房，并利用宅基地从事经营活动，甚至可以在宅基地上建造厂房，已经极大地满足了农民对宅基地的利用需求。相对于传统村落古建筑的不能拆建，农民原本享有对宅基地及地上建筑进行大拆大建的权利，显然给农民提供了改善居住条件和创造收入来源的巨大空间，由此进一步凸显了古建筑保护法律对农民权利的限制。

# 第二章

# 传统村落古建筑的私权限制

## 第一节 传统村落古建筑保护的法律体系

我国目前并无统一的法律或者行政法规来保护传统村落的古建筑。事实上，传统村落的古建筑可能具有不同的法律属性，客观上需要多层次的法律规范进行保护。现行法律中，《中华人民共和国文物保护法》为传统村落的大量文物建筑提供了保护，《历史文化名城名镇名村保护条例》对传统村落的历史建筑提供了保护，国家部委关于传统村落保护的规范性文件以及大量地方性法规与规章为传统村落的整体保护提供了依据，此外，有关世界文化遗产保护的法律规范为传统村落中的世界文化遗产提供了额外的保护。

### 一、《中华人民共和国文物保护法》对传统村落古建筑的保护

传统村落中的许多古建筑属于文物，因而《中华人民共和国文物保护法》对于不可移动文物的保护对于传统村落的古建筑保护具有重大意义。自 20 世纪 80 年代以来，我国有十几个传统村落的古建筑群被列入全国重点文物保护单位，如安徽黟县的“宏村古建筑群”、“西递古建筑群”，安徽泾县的“黄田村古建筑群”，湖南岳阳“张谷英村古建筑群”，陕西韩城的“党家村古建筑群”，北京门头沟的“爨底下村古建筑群”等。此外，还有为数众多的省级文物保护单位、市县级文物保护单位位于传统村落中。至于《中华人民共和国文物保护法》所规定的“尚未核定公布为文物保护单位的不可移动文物”（习惯上被称作“文物保护点”）成千上万，第三次全国文物普查（“三普”）中确定的文物保护点尤其普遍，大部分传统村落或多或少都有一些未核定为文物保护单位的文物。

#### （一）《中华人民共和国文物保护法》确立的文物保护基本原则

文物保护的观念在中国源远流长，文物保护法制建设也有超过百年的历史，自清末经民国直到中华人民共和国成立，国家在各种困难条件下始终没有忘记文物保护的工作。中华人民共和国成立之初，1950 年中央人民政府政务院即发布征集革命文物令，1960 年发布《关于文物出口鉴定标准的几点意见》，1961 年国务院正式颁布《文物保护管理暂行条例》[①]。1982 年，改革开放伊始，百废待兴，我国已经先行颁布了《中华人民共和国文物保护法》，其后又于 1991 年、2002 年、2007 年、2013 年、2017 年进行五次修订（修正），目前正在进行第六次修订。可以看出，文物保护法律一直是中华人民共和国非常重视、不断完善的一个领域。

① 参见李晓东：《文物保护法概论》，学苑出版社，2002 年版，第 7-8 页。

文物保护的形势在我国不容乐观，动荡年代的战争破坏，改革开放以后的“建设性破坏”，无数文物毁坏的现场让人触目惊心。但是，围绕着文物保护发生了太多可歌可泣的故事[①]。为了文物保护，梁思成、郑振铎、谢辰生、冯骥才、陈志华、阮仪三、单霁翔、罗德胤、李华东等专家、学者呕心沥血、拼命工作，像医生抢救病人一样抢救文物，他们以只争朝夕的精神投入文物保护的战场，投入到修订完善法律的战斗中[②]。所以，20 世纪 80 年代的《中华人民共和国文物保护法》开篇就说，文物保护的方针是“保护为主、抢救第一、合理利用、加强管理”，直到 2017 年版本的《中华人民共和国文物保护法》依然是强调“抢救第一”。因为文物保护，永远都是和推土机比速度，与拆旧建新比速度。

保护文物，必须坚持文物保护的基本原则，其中最根本的是真实性原则与完整性原则，以下略作介绍。

1. 真实性原则

真实性（Authenticity），即本真性、原真性。真实性原则，要求在文物的认定、记录、保存、修缮和传承等各个环节，完整准确地保护文物中蕴含的历史信息和文化价值的真实性，不得随意改动、破坏其历史信息和文化价值[③]。

真实性是文物的生命，文物的最大价值在于其中蕴含的历史信息，正如人们常说的“建筑是石头的史书”。文物建筑的根本价值是作为历史的实物见证，人们对于某个文物建筑的审美、文化等方面的看法也许会因人而异、因时而变，但文物中包含的历史信息是客观存在、恒久不变的[④]。考虑到今天的考古发现对于认识历史的重要价值，我们也许更能体会到保护文物的价值。如果今天传统村落的古建筑都被摧毁干净，千百年后的人们还能从考古中看出什么呢？幸运的是，我们今天还留住了一部分传统村落的古建筑。作为我国农业文明和传统文化的实物见证，传统村落的古建筑中包含着重大的历史信息，“只要稍稍用心，便能够一一解读，从村落的选址和结构，村落中具备的公共建筑的种类、形态和布局、位置和朝向、住宅的形制、规模和装饰，直到卧室门的形状尺寸以及窗子的结构和装饰等，都可以读出农民生活的现实和理想，生动而又可信”[⑤]。我们的使命，我们的任务，就是将这些珍贵的、最后的历史遗存保住，传承给千年以后的中华儿女。

---

① 没有伟大的情怀，没有坚定的信仰，没有不屈的意志，没有充满柔情而又坚忍不拔的心，做不了文物保护的工作。参见《中国文物报》2019 年 10 月 6 日访谈《谢辰生：我一直坚信保护文物就是守护国家》，https：//www. sohu. com/a/345218346 _ 523248。最后访问日期：2020 年 12 月 22 日。在《乡土建筑遗产保护》一书的“小引”中，时年 78 岁的陈志华先生写道“最后，说一句经验中的经验，心得中的心得：从事乡土建筑保护工作，应该把它当作为国家民族、为历史文化做贡献，一切尊重科学和规范，不过分贪求别的什么”，见陈志华、李秋香：《乡土建筑遗产保护》，黄山书社，2008 年版。

② 1998 年，陈志华先生写道：“这套丛书里每一本书的写作时间很短，因为我们不敢在一个题材里多耽搁，怕的是这里花功夫精雕细刻，那里已经拆毁了多少个极有价值的村子。为了和拆毁比速度，我们只好贪快贪多，抢一个是一个，好在调查研究永远只能嫌少而不嫌多。”见陈志华、李秋香：《乡土建筑遗产保护》，黄山书社，2008 年版，第 6 页。

③ 参见王云霞：《文化遗产法》，商务印书馆，2012 年版，第 50 页。

④ 参见陈志华、李秋香：《乡土建筑遗产保护》，黄山书社，2008 年版，第 1 页。

⑤ 参见陈志华、李秋香：《乡土建筑遗产保护》，黄山书社，2008 年版，第 2-3 页。从清华社会学专业转学建筑的陈志华先生，学兼文理，慧眼独具，其通过建筑构造解读社会信息的能力，让人赞叹。

国际上，1964 年《威尼斯宪章》确立了真实性原则，后来的 1994 年《奈良真实性文件》等国际文件都一再确认真实性的基本要求①。《中华人民共和国文物保护法》并未采用“真实性”“原真性”这样的文字，但是《中华人民共和国文物保护法》的多数文字提到了“不改变文物原状”原则，其目的当然是为了保护真实性②。《中华人民共和国文物保护法》第 21 条第 4 款规定：“对不可移动文物进行修缮、保养、迁移，必须遵守不改变文物原状的原则。”第 26 条第 1 款规定：“使用不可移动文物，必须遵守不改变文物原状的原则，负责保护建筑物及其附属文物的安全，不得损毁、改建、添建或者拆除不可移动文物。”第 46 条第 1 款规定：“修复馆藏文物，不得改变馆藏文物的原状；复制、拍摄、拓印馆藏文物，不得对馆藏文物造成损害。具体管理办法由国务院制定。”可见，无论是针对不可移动文物还是对于可移动文物，《中华人民共和国文物保护法》都坚持了真实性原则。

需要说明的是，真实性原则的内涵丰富而又模糊，人们对真实性原则的认识也在不断发展中③。许多文物经过数百年乃至上千年的风吹雨打，已经有非常严重的损毁，甚至濒临倒塌，必须进行修缮或者加固，所以完全保留文物的初始状态（原貌）是不可能的。在此，就存在“恢复原状”与“保存现状”之间的冲突④，实践中把握的“不改变现状”原则包括“保存现状”与“恢复原状”两种情况⑤。基于砖木结构的建筑传统，我国文物保护的习惯做法是恢复原状，喜欢按照历史建造的原有形制、规格来复原或者重建，正如 2005 年《曲阜宣言》所说，文物建筑被破坏、被歪曲的现状并非原状，不改变原状不等于不改变现状，要在条件允许的情况下尽早恢复原状。但是，恢复原状的修复，很容易导致历史信息的消失。所以，在修缮或者加固文物的过程中，必须尽可能保护文物的原有状态，而且历次修缮或者加固的信息本身也要留存给后人，所以修缮和加固讲究“可识别”“可逆性”原则，以最大限度地尊重历史，完整地呈现文物在历史发展中的不同面貌、历次修缮或者加固的具体历史信息⑥。

2. 完整性原则

完整性（Integrity），即整体性。完整性原则，要求在文物保护过程中，完整地保护文物的所有形式和内涵，及其所处的自然和人文环境⑥。完整性原则要求对文物本身的各个组成部分进行完整保护，不得以今人的好恶进行随意取舍，而应当保留整个文物原初的状态。比如，传统村落保护中，不仅要保护古建筑本身，古建筑周边的附属设施，如猪圈、鸡窝、马槽、水塘，都应当进行保护，以保留事物存在的整体结构。完整性原则还要求保存古建筑的周边环境，所以还要维持整个村落的历史风貌，要保留村庄

---

① 关于《威尼斯宪章》和《奈良真实性文件》的文本内容，参见石磊：《历史文化名城整体性保护的法治思考》，中国经济出版社，2018 年版，第 169-171 页，第 184-185 页。

② 参见郭宏：《论“不改变原状原则”的本质意义——兼论文物保护科学的文理交叉性》，载《文物保护与考古科学》，2004 年第 1 期。

③ 参见秦红岭：《建筑遗产保护伦理初论》，载《北京建筑大学学报》，2016 年第 3 期；郭华瑜、谢小凤，《南京明城墙方城明楼保护设计——兼论中国文物建筑保护中的真实性原则》，载《建筑与文化》，2008 年第 12 期。

④ 历史上，法国的“恢复原状”派与英国的“保存现状”派之间长期斗争，产生广泛的国际影响。参见薛林平：《建筑遗产保护概论（第二版）》，中国建筑工业出版社，2017 年版，第 26-36 页。

⑤ 参见薛林平：《建筑遗产保护概论（第二版）》，中国建筑工业出版社，2017 年版，第 94-97 页。

⑥ 参见王云霞：《文化遗产法》，商务印书馆，2012 年版，第 52 页。

的格局、道路、桥梁乃至于周围山川不发生大的改变[①]。

对于传统村落的保护来说，完整性原则具有非常重要的意义。随着社会发展，农村面貌日新月异，即便是在一些偏远山区，传统村落中也建起了大量的现代化建筑，而原本的道路、桥梁、水塘、村落空间布局可能被改变更多。各种各样的“插花式”建筑使得传统村落的整体面貌显得矛盾、极不协调，而村落格局的破坏更影响到我们对传统村落建筑布局和社会功能的整体认识。

针对完整性原则，《中华人民共和国文物保护法》也没有采用具体的“完整性”“整体性”这样的表达，但《中华人民共和国文物保护法》的一些具体规定体现了完整性原则。例如，《中华人民共和国文物保护法》通过“文物保护单位”来保护重要的不可移动文物，其中“单位”的含义并非指企事业单位这样的社会组织，而是强调被保护文物作为一个整体（单位）进行保护[②]。《中华人民共和国文物保护法》所确立的历史文化名城、历史文化街区、历史文化村镇的制度，也是希望从整体上保护相关的建筑群体及其整体格局、环境。《中华人民共和国文物保护法》所设计的文物保护单位保护范围与建设控制地带的制度，一方面是为了保护文物本身，另一方面也是为了保护文物的周边环境，贯彻完整性的理念。《中华人民共和国文物保护法》第 18 条第 2 款特别规定：“在文物保护单位的建设控制地带内进行建设工程，不得破坏文物保护单位的历史风貌；工程设计方案应当根据文物保护单位的级别，经相应的文物行政部门同意后，报城乡建设规划部门批准。”此外，文物建筑周围的高度控制也是建筑遗产整体性保护的重要手段[③]。

**（二）《中华人民共和国文物保护法》对文物的分类分级保护**

作为人类文明的遗存，文物的类型众多，按照不同标准可以做出不同的类型划分[④]。《中华人民共和国文物保护法》对文物的最基本分类是可移动文物与不可移动文物。其中，不可移动文物主要包括两类，一类是具有历史、艺术、科学价值的古文化遗址、古墓葬、古建筑、石窟寺和石刻、壁画；另外一类是与重大历史事件、革命运动或者著名人物有关以及具有重要纪念意义、教育意义或者史料价值的近现代重要史迹、实物、代表性建筑。有学者认为，《中华人民共和国文物保护法》所规定的各种不可移动文物可以分为六种具体类型：古文化遗址、古墓葬、古建筑、石窟寺和石刻、近现代重要史迹及代表性建筑、其他[⑤]。

鉴于不同文物的历史价值与文化价值不同，考虑到国家财力的有限性以及文物管理的方便，《中华人民共和国文物保护法》对于各种不可移动文物采取了分级保护的策略。

首先，将受保护文物区分为“文物保护单位”与“尚未核定公布为文物保护单位的不可移动文物”，两者的法律定位差别很大。文物保护单位是《中华人民共和国文物保

---

① 参见陈志华、李秋香：《乡土建筑遗产保护》，黄山书社，2008 年版，第 17-18 页。

② 参见王运良：《文物保护单位再认识》，载《中国文物科学研究》2008 年第 3 期。遗憾的是，不少人还是习惯于将文物保护单位混同于各类机关单位，认为某一不可移动文物一旦被公布为“文物保护单位”，即取得了法律上拟制的人格，如刘晓霞等：《文物保护法通论》，中国城市出版社，2005 年版，第 92 页。

③ 参见薛林平：《建筑遗产保护概论（第二版）》，中国建筑工业出版社，2017 年版，第 100 页。

④ 参见李晓东：《文物保护法概论》，学苑出版社，2002 年版，第 91-107 页。

⑤ 参见李晓东：《文物保护法概论》，学苑出版社，2002 年版，第 145 页。

护法》的保护重心所在，法律专门规定了“四有”的要求，即有保护范围、有标志说明、有档案记录、有专门的管理机构和管理人员。相比之下，“尚未核定公布为文物保护单位的不可移动文物”则处于《中华人民共和国文物保护法》的边缘位置，没有专门的保护要求，《中华人民共和国文物保护法》第 13 条第 4 款只是规定要求县级人民政府文物行政部门予以登记并公布。实践中，“尚未核定公布为文物保护单位的不可移动文物”被称为文物保护点或者未定级文物，其所受到的关注很少，能够得到的保护财力非常有限，在许多区县，一个文物保护点每年获得的保护资金可能不到 5000 元①。相对于文物保护单位，文物保护点作为文物的法律地位并不稳固。许多传统村落的老房子在“三普”期间被列入文物保护点，但是没有进行有效的保护，不少古建筑的所有权人对于自家房屋被认定为文物非常抵触②，通过上访、请愿等各种方式要求撤销文物的认定③。许多珍贵的文物就在这样的前后折腾中被破坏、拆毁，有些是因为农民自行拆旧建新，有些是因为民间非法交易古建构件，还有大量的文物毁于盗窃行为④。

其次，文物保护单位本身又按照不同的重要程度，形成全国重点文物保护单位、省级文物保护单位与市县级文物保护单位三个级别。《中华人民共和国文物保护法》第 3 条第 1 款明确规定：“古文化遗址、古墓葬、古建筑、石窟寺、石刻、壁画、近代现代重要史迹和代表性建筑等不可移动文物，根据它们的历史、艺术、科学价值，可以分别确定为全国重点文物保护单位，省级文物保护单位，市、县级文物保护单位。”关于不同等级文物保护单位的认定机制，《中华人民共和国文物保护法》第 13 条第 1～3 款的规定：“国务院文物行政部门在省级、市、县级文物保护单位中，选择具有重大历史、艺术、科学价值的确定为全国重点文物保护单位，或者直接确定为全国重点文物保护单位，报国务院核定公布。省级文物保护单位，由省、自治区、直辖市人民政府核定公布，并报国务院备案。市级和县级文物保护单位，分别由设区的市、自治州和县级人民政府核定公布，并报省、自治区、直辖市人民政府备案。”

以上文物保护单位以及“尚未核定公布为文物保护单位的不可移动文物”都是侧重于单体文物建筑或者建筑群的保护，成片的文物保护则有赖于区域性的保护措施。就此，《中华人民共和国文物保护法》第 14 条规定了历史文化名城、历史文化街区和历史文化村镇的保护制度。2012 年开始的对于传统村落的保护，可谓《中华人民共和国文物保护法》保护历史文化村镇的延伸。

**（三）《中华人民共和国文物保护法》对文物保护的基本要求**

《中华人民共和国文物保护法》对文物保护提出了各种各样的要求，主要涉及两个

---

① 参见《瞭望东方周刊》2015 年 4 月 28 日报道，《山西文物古建平均每处保护经费不足 5000 元》，http://shanxi.sina.com.cn/news/b/2015-04-28/detail-iawzuney4465395.shtml，最后访问日期：2020 年 12 月 22 日。

② 参见某文博圈博主的精彩评论，《文物“三普”带来八大后遗症，如何医治?》，https://www.sohu.com/a/126080528_488370，最后访问日期：2020 年 12 月 22 日。

③ 参见红星新闻网 2020 年 5 月 13 日报道，《浙江永嘉一年 600 多处古建筑被撤销身份 官方：多为民居年久失修》，https://xw.qq.com/cmsid/20200513A0H57U00，最后访问日期：2020 年 12 月 19 日，

④ 山西是当代中国文物被盗的一个缩影，80%以上的文物建筑发生过构件被盗的情形，其中尤以未定级文物的失窃被盗最为严重，令人触目惊心。参见《瞭望东方周刊》2015 年 4 月 28 日报道《山西文物古建平均每处保护经费不足 5000 元》，http://shanxi.sina.com.cn/news/b/2015-04-28/detail-iawzuney4465395.shtml，最后访问日期：2020 年 12 月 22 日。

方面，一是针对文物保护单位的“四有”保护要求，二是针对文物所有人以及相关人员的行为规范要求①。

针对“四有”保护要求②，《中华人民共和国文物保护法》第 15 条规定：“各级文物保护单位，分别由省、自治区、直辖市人民政府和市、县级人民政府划定必要的保护范围，做出标志说明，建立记录档案，并区别情况分别设置专门机构或者专人负责管理。”

针对文物保护的行为规范，《中华人民共和国文物保护法》的规定主要体现在以下几个方面：

第一，对文物本体的保护，不得对文物进行毁损、破坏。《中华人民共和国文物保护法》第 26 条第 1 款规定：“使用不可移动文物，必须遵守不改变文物原状的原则，负责保护建筑物及其附属文物的安全，不得损毁、改建、添建或者拆除不可移动文物。”这是文物所有人或者文物使用人最基本的义务，即不得毁损、破坏文物本体，不得对文物建筑进行改建、添建或者拆除。正是不得改建、拆除的要求，对于许多文物建筑的所有权人形成了沉重的法律负担，排除了文物所有权人通过改造旧房乃至拆旧建新改善居住条件的可能性。

第二，对文物周边环境的保护，保障文物本体的安全以及文物周围的历史风貌。具体的要求又可以分为四个方面：（1）对文物保护单位保护范围内施工活动的控制。《中华人民共和国文物保护法》第 17 条规定：“文物保护单位的保护范围内不得进行其他建设工程或者爆破、钻探、挖掘等作业。”（2）对于文物保护单位建设控制地带内的建设行为进行控制。《中华人民共和国文物保护法》第 18 条第 2 款规定：“在文物保护单位的建设控制地带内进行建设工程，不得破坏文物保护单位的历史风貌；工程设计方案应当根据文物保护单位的级别，经相应的文物行政部门同意后，报城乡建设规划部门批准。”（3）对于文物保护单位保护范围与控制地带内的污染行为进行控制，保护文物保护单位免受污染。《中华人民共和国文物保护法》第 19 条规定：“在文物保护单位的保护范围和建设控制地带内，不得建设污染文物保护单位及其环境的设施，不得进行可能影响文物保护单位安全及其环境的活动。对已有的污染文物保护单位及其环境的设施，应当限期治理。”（4）对影响文物安全和历史风貌的建筑物，进行处理或者拆迁。《中华人民共和国文物保护法》第 26 条第 2 款规定：“对危害文物保护单位安全、破坏文物保护单位历史风貌的建筑物、构筑物，当地人民政府应当及时调查处理，必要时，对该建筑物、构筑物予以拆迁。”

第三，对文物修缮、保养的要求，所有权人对文物建筑负有修缮义务。《中华人民共和国文物保护法》第 21 条第 1 款规定：“国有不可移动文物由使用人负责修缮、保养；非国有不可移动文物由所有人负责修缮、保养。非国有不可移动文物有损毁危险，所有人不具备修缮能力的，当地人民政府应当给予帮助；所有人具备修缮能力而拒不依法履行修缮义务的，县级以上人民政府可以给予抢救修缮，所需费用由所有人负担。”本条规定了文物建筑保护中“谁使用、谁修缮”的原则，所有权人缺乏修缮能力的，政

---

① 参见梁骄阳：《中英古建筑保护制度比较研究》，载《沈阳工业大学学报（社会科学版）》，2014 年第 3 期。

② 关于文物保护单位“四有”保护要求的论述，参见李晓东：《文物保护法概论》，学苑出版社，2002 年版，第 147-152 页。

府给予适当帮助，但主要的修缮义务仍然是由所有权人自己承担。

第四，建设工程施工中对文物建筑的保护，根据情况进行原址保护或者文物建筑迁移保护。《中华人民共和国文物保护法》第 20 条第 1 款规定："建设工程选址，应当尽可能避开不可移动文物；因特殊情况不能避开的，对文物保护单位应当尽可能实施原址保护。"《中华人民共和国文物保护法》第 20 条第 3 款规定："无法实施原址保护，必须迁移异地保护或者拆除的，应当报省、自治区、直辖市人民政府批准；迁移或者拆除省级文物保护单位的，批准前须征得国务院文物行政部门同意。全国重点文物保护单位不得拆除；需要迁移的，须由省、自治区、直辖市人民政府报国务院批准。"在此确立的基本原则以原址保护优先，尽可能避免文物建筑的迁移，因为建筑迁移不可避免地会损害文物的真实性，在不得已而进行文物建筑迁移时，需要采取一切可能的措施将损失控制在最低限度①。

第五，对文物建筑的处分进行限制，控制文物的转让、抵押行为。《中华人民共和国文物保护法》第 24 条规定："国有不可移动文物不得转让、抵押。建立博物馆、保管所或者辟为参观游览场所的国有文物保护单位，不得作为企业资产经营。"《中华人民共和国文物保护法》第 25 条规定："非国有不可移动文物不得转让、抵押给外国人。非国有不可移动文物转让、抵押或者改变用途的，应当根据其级别报相应的文物行政部门备案。"由此可以看出，有关文物建筑处分限制的基本法律规范是：（1）国有文物建筑不得转让、抵押，不得用于生产经营活动；（2）非国有的文物建筑（集体所有或者私人所有），《中华人民共和国文物保护法》并未限制其转让、抵押，只是规定不得转让、抵押给外国人；（3）非国有文物建筑的转让、抵押，并非完全自由的过程，而是受到政府的控制，需要向文物保护部门进行备案。由此可以看到，国家并不禁止私人文物建筑的转让、抵押，只是不能转让给外国人，并且转让、抵押要向文物管理部门进行备案。当然，就传统村落的古建筑而言，尽管《中华人民共和国文物保护法》并未限制古建筑的流转，但国家政策对农村房屋流转的限制可能会影响到古建筑的转让和抵押。

## 二、《历史文化名城名镇名村保护条例》对传统村落古建筑的保护

### （一）《历史文化名城名镇名村保护条例》与传统村落

《中华人民共和国文物保护法》第 14 条第 4 款规定："历史文化名城和历史文化街区、村镇的保护办法，由国务院制定。"据此授权，国务院于 2008 年颁布了《历史文化名城名镇名村保护条例》（2017 年修正）（以下简称《条例》）。该《条例》的保护范围涵盖历史文化名城、历史文化名镇与历史文化名村，本书主要研究其中的历史文化名村。

针对历史文化名村的申报条件，《条例》第 7 条第 1 款规定："具备下列条件的城市、镇、村庄，可以申报历史文化名城、名镇、名村：（一）保存文物特别丰富；（二）历史建筑集中成片；（三）保留着传统格局和历史风貌；（四）历史上曾经作为政治、经济、文化、交通中心或者军事要地，或者发生过重要历史事件，或者其传统产业、历史上建设的重大工程对本地区的发展产生过重要影响，或者能够集中反映本地区建筑的文化特色、民族特色。"

① 参见李晓东：《文物保护法概论》，学苑出版社，2002 年版，第 158-161 页。

关于申报程序，《条例》第 9 条第 2 款规定："申报历史文化名镇、名村，由所在地县级人民政府提出申请，经省、自治区、直辖市人民政府确定的保护主管部门会同同级文物主管部门组织有关部门、专家进行论证，提出审查意见，报省、自治区、直辖市人民政府批准公布。"需要特别注意的是，申报历史文化名村不但是市县政府的权利，而且是市县政府的义务，《条例》第 10 条第 2 款规定："对符合本条例第七条规定的条件而没有申报历史文化名镇、名村的镇、村庄，省、自治区、直辖市人民政府确定的保护主管部门会同同级文物主管部门可以向该镇、村庄所在地的县级人民政府提出申报建议；仍不申报的，可以直接向省、自治区、直辖市人民政府提出确定该镇、村庄为历史文化名镇、名村的建议。"

针对地方政府对历史文化名村保护不力的情形，《历史文化名城名镇名村保护条例》不像住房城乡建设部对待传统村落那样只是消极地警示、摘牌，而是非常强硬地规定："已批准公布的历史文化名城、名镇、名村，因保护不力使其历史文化价值受到严重影响的，批准机关应当将其列入濒危名单，予以公布，并责成所在地城市、县人民政府限期采取补救措施，防止情况继续恶化，并完善保护制度，加强保护工作。"如此，既有对相关部门的警戒，又有对相关部门的督导，才能真正实现保护历史文化名村的目的。

自 2003 年起，建设部（现为住房城乡建设部）会同国家文物局先后公布了 7 个批次的国家级历史文化名村，共 487 个。此外，许多省份都公布了省级历史文化名村，甚至还有县级历史文化名村（比如松阳）。目前全国著名的许多村落，都是中国历史文化名村，比如北京门头沟的爨底下村、灵水村、琉璃渠村都是历史文化名村，著名的安徽黟县的宏村、西递也是理所当然的历史文化名村，湖南岳阳的张谷英村、陕西韩城的党家村、安徽泾县的查济村与黄田村等都是中国历史文化名村。相对于中国传统村落数量多达 6819 个，中国历史文化名村只有 487 个，显然，"中国历史文化名村"是更加高级的招牌。比如江西南昌安义县的千年古村落罗田村同时属于中国传统村落与中国历史文化名村，其旅游门票上给自己的定位是中国历史文化名村。

基本上，所有的历史文化名村都是中国传统村落。与普通传统村落只能借助中央文件与地方立法进行保护不同，历史文化名村由国务院行政法规《历史文化名城名镇名村保护条例》予以保护，显然其古建筑保护处于更加有利的位置。

**（二）《历史文化名城名镇名村保护条例》对古建筑的保护**

与《中华人民共和国文物保护法》侧重于对单体建筑进行保护不同，《历史文化名城名镇名村保护条例》的重心在于区域保护，其保护方法主要有两个：一是确定保护规划，二是明确保护措施。

1. 保护规划

对于历史文化遗产的成片保护，最重要的是制定保护规划，欲要保护，规划先行。有关历史古迹的保护规划是文物古迹保护、管理、利用的综合性计划，是文物古迹各项保护工作的基础①。在我国目前国土空间规划体系中，各级政府在编制国土空间总体规划中必须同时编制历史文化遗产的保护规划，划定文物保护单位的保护范围和建设控制地带，确定城市紫线等历史文化保护线，将文物保护规划纳入国土空间规划"一张图"，

① 参见薛林平：《建筑遗产保护概论（第二版）》，中国建筑工业出版社，2017 年版，第 120 页。

并且严格落实[①]。就此，《中华人民共和国城乡规划法》第 31 条第 2 款特别规定："历史文化名城、名镇、名村的保护以及受保护建筑物的维护和使用，应当遵守有关法律、行政法规和国务院的规定。"根据《历史文化名城名镇名村保护条例》第 13 条规定，历史文化名镇、名村批准公布后，所在地县级人民政府应当组织编制历史文化名镇、名村保护规划。借助《历史文化名城名镇名村保护条例》的授权性规定，技术性的保护规划获得了一种规范效力，成为具体历史文化名村保护的宪章，具有超越"软法"的强制效力[②]。

关于保护规划的规范效力，《历史文化名城名镇名村保护条例》第 18 条规定："保护规划的组织编制机关应当及时公布经依法批准的保护规划。"第 19 条规定："依法批准的保护规划，不得擅自修改；确需修改的，保护规划的组织编制机关应当向原审批机关提出专题报告，经同意后，方可编制修改方案。修改后的保护规划，应当按照原审批程序报送审批。"第 20 条第 2 款规定："县级以上地方人民政府应当加强对本行政区域保护规划实施情况的监督检查，并对历史文化名城、名镇、名村保护状况进行评估；对发现的问题，应当及时纠正、处理。"可见，保护规划有制定过程，有听证，有公开颁布，有严格执行，属于特殊类型的法律规范。

关于保护规划的编制，《历史文化名城名镇名村保护条例》第 13 条规定，县级政府负责的保护规划应当自历史文化名城、名镇、名村批准公布之日起 1 年内编制完成。根据《条例》第 14 条，"保护规划应当包括下列内容：（一）保护原则、保护内容和保护范围；（二）保护措施、开发强度和建设控制要求；（三）传统格局和历史风貌保护要求；（四）历史文化街区、名镇、名村的核心保护范围和建设控制地带；（五）保护规划分期实施方案。"这里的保护范围与建设控制地带，都采用了《中华人民共和国文物保护法》的核心制度，其关键在于对保护区域内开发强度和建设控制要求的规定，对于历史文化名村及其周边的建设活动影响极大。

2. 保护措施

《历史文化名城名镇名村保护条例》的关键词乃是"历史建筑"[③]，《条例》规定的各种保护措施都是围绕着历史建筑展开。《条例》所规定的历史建筑，是相对于《中华人民共和国文物保护法》所规定的文物建筑而言的。根据《条例》第 47 条，历史建筑是指经城市、县人民政府确定公布的具有一定保护价值，能够反映历史风貌和地方特色、未公布为文物保护单位、也未登记为不可移动文物的建筑物、构筑物。广义的历史建筑，泛指历史遗留的各种建筑，或者是指具有一定历史文化价值的非文物建筑[④]。《历史文化名城名镇名村保护条例》所规定的历史建筑是指狭义的历史建筑，需要经过

---

① 见自然资源部、国家文物局于 2021 年 3 月 8 日发布的《关于在国土空间规划编制和实施中加强历史文化遗产保护管理的指导意见》。

② 关于"软法"的基础性文献，参见罗豪才、宋功德：《认真对待软法——公域软法的一般理论及其中国实践》，载《中国法学》，2006 年第 2 期。有关软硬法混合治理的最新探讨，参见沈岿：《软硬法混合治理的规范进路》，载《法学》，2021 年第 3 期。

③ 关于历史建筑的初步梳理，参见李登月、王军：《我国历史建筑保护制度回顾与现状问题探析》，载《当代建筑》，2020 年第 9 期。

④ 参见薛林平：《建筑遗产保护概论（第二版）》，中国建筑工业出版社，2017 年版，第 9 页。

各地政府的确认与公布[①]。

针对历史建筑的保护，《历史文化名城名镇名村保护条例》确立了如下规范：

第一，对历史建筑本身的保护，不得毁坏或者拆除历史建筑，允许对历史建筑进行改建、添建，但不允许改变历史建筑的历史风貌。《条例》第 33 条第 4 款规定："任何单位或者个人不得损坏或者擅自迁移、拆除历史建筑。"为了控制历史建筑改建的过程，避免出现"爆改""魔改"的情形，《条例》第 35 条特别规定："对历史建筑进行外部修缮装饰、添加设施以及改变历史建筑的结构或者使用性质的，应当经城市、县人民政府城乡规划主管部门会同同级文物主管部门批准，并依照有关法律、法规的规定办理相关手续。"同时，《条例》第 27 条第 2 款强调："历史文化街区、名镇、名村核心保护范围内的历史建筑，应当保持原有的高度、体量、外观形象及色彩等。"

第二，对历史文化名村保护范围内的建设活动进行控制，核心保护范围内不得新建、扩建；保护范围内的建设活动不得破坏历史风貌。《条例》第 28 条第 1 款规定："在历史文化街区、名镇、名村核心保护范围内，不得进行新建、扩建活动。但是，新建、扩建必要的基础设施和公共服务设施除外。"对于核心保护区之外保护范围内的建设活动，《条例》第 23 条规定："在历史文化名城、名镇、名村保护范围内从事建设活动，应当符合保护规划的要求，不得损害历史文化遗产的真实性和完整性，不得对其传统格局和历史风貌构成破坏性影响。"对于保护范围之外建设控制地带的建设活动，《条例》第 26 条规定："历史文化街区、名镇、名村建设控制地带内的新建建筑物、构筑物，应当符合保护规划确定的建设控制要求。"

第三，对历史文化名村保护范围内的各类活动进行控制，保护历史文化名村的历史风貌。《条例》第 21 条规定："历史文化名城、名镇、名村应当整体保护，保持传统格局、历史风貌和空间尺度，不得改变与其相互依存的自然景观和环境。"第 24 条规定："在历史文化名城、名镇、名村保护范围内禁止进行下列活动：（一）开山、采石、开矿等破坏传统格局和历史风貌的活动；（二）占用保护规划确定保留的园林绿地、河湖水系、道路等；（三）修建生产、储存爆炸性、易燃性、放射性、毒害性、腐蚀性物品的工厂、仓库等；（四）在历史建筑上刻划、涂污。"第 25 条规定："在历史文化名城、名镇、名村保护范围内进行下列活动，应当保护其传统格局、历史风貌和历史建筑；制订保护方案，并依照有关法律、法规的规定办理相关手续：（一）改变园林绿地、河湖水系等自然状态的活动；（二）在核心保护范围内进行影视摄制、举办大型群众性活动；（三）其他影响传统格局、历史风貌或者历史建筑的活动。"

第四，历史建筑所有权人对历史建筑负有修缮义务。《条例》第 33 条第 1～3 款规定："历史建筑的所有权人应当按照保护规划的要求，负责历史建筑的维护和修缮。县级以上地方人民政府可以从保护资金中对历史建筑的维护和修缮给予补助。历史建筑有

① 历史建筑的认定并非易事，上海市早在 1989 年就公布了第一批优秀历史建筑，北京市则要到 2019 年才公布第一批历史建筑。关于上海市第一批优秀历史建筑的介绍，参见自媒体"天袁地访"的回顾文章《上海第一批"优秀历史建筑"30 年》，https：//baijiahao. baidu. com/s？ id=1623165840477677446&wfr=spider&for=pc，最后访问日期：2021 年 7 月 2 日。关于北京市第一批历史建筑，参见《北京日报》，2019 年 6 月 21 日报道《429 处，各有来头！北京市第一批历史建筑拟定》，https：//baijiahao. baidu. com/s？ id = 1636951039766224991&wfr = spider&for=pc，最后访问日期：2021 年 7 月 2 日。

损毁危险，所有权人不具备维护和修缮能力的，当地人民政府应当采取措施进行保护。”与《中华人民共和国文物保护法》相比，《条例》的规定更加人性化，更加合理可行，一是规定在所有权人主动修缮历史文物时，地方政府给予补助；二是规定在所有权人无力修缮时，政府出面进行保护。

第五，建设工程施工中对历史建筑的保护，根据情况进行原址保护或者历史建筑迁移保护。《条例》第 34 条第 1 款规定：“建设工程选址，应当尽可能避开历史建筑；因特殊情况不能避开的，应当尽可能实施原址保护。”此处规定，与《中华人民共和国文物保护法》对文物建筑的保护完全相同。

值得一提的是，与《中华人民共和国文物保护法》对私有文物的转让和抵押进行过程控制不同，《历史文化名城名镇名村保护条例》并未限制私人历史建筑的交易过程。

## 三、中央文件和地方性法规对传统村落古建筑的保护

### （一）中央文件对传统村落古建筑的保护

截至目前，国务院层面并未颁布有关传统村落保护的行政法规，也没有正式的国家部委部门规章来规范传统村落。自 2012 年以来，住房城乡建设部等国家部委一直通过各种通知、意见等文件对传统村落的保护进行规范，算是国家政策层面的控制。

针对传统村落保护的总体方案与具体措施，住房城乡建设部、文化部、国家文物局与财政部等主要通过三个文件进行规范，即 2012 年 12 月 12 日住房城乡建设部、文化部与财政部发布的《关于加强传统村落保护发展工作的指导意见》（建村〔2012〕184 号）（以下简称 2012 年《指导意见》）；2014 年 4 月 25 日住房城乡建设部、文化部、国家文物局与财政部所发布的《关于切实加强中国传统村落保护的指导意见》（建村〔2014〕61 号）（以下简称 2014 年《指导意见》）；2014 年 9 月 5 日住房城乡建设部、文化部、国家文物局与财政部关于《关于做好中国传统村落保护项目实施工作的意见》（建村〔2014〕135 号）。

这些政策文件因为不是专门的法律规范，其内容的弹性空间比较大，许多表述不够具体。比如，2012 年《指导意见》第五条规定了各级传统村落必须编制保护发展规划，划定保护范围和控制区，明确控制要求。第六条强调传统村落保护应保持文化遗产的真实性、完整性和可持续性；尊重传统建筑风貌，不改变传统建筑形式，对确定保护的濒危建筑物、构筑物应及时抢救修缮，对于影响传统村落整体风貌的建筑应予以整治；尊重传统选址格局及与周边景观环境的依存关系，注重整体保护，禁止各类破坏活动和行为，已构成破坏的，应予以恢复。第七条提到了正确处理传统村落保护和村民改善生活意愿之间的关系，引导居民开展传统建筑节能改造和功能提升，改善居住条件；正确处理保护与利用之间的关系，针对不同类型的资源提出合理的利用方式和措施，“纠正无序和盲目建设，禁止大拆大建”。

从这些大而化之、笼而统之的政策宣传中，我们不能把握中央政策对待传统村落历史建筑保护的具体要求。一方面，2012 年《指导意见》要求尊重传统建筑风貌，甚至要对影响村落整体建筑风貌的建筑予以整治；另一方面，文件没有禁止对传统村落中的建筑进行改建、扩建甚至是拆建，只是说不要大拆大建，不要改变传统建筑形式。从这些表述的字里行间可以看出，2012 年《指导意见》的关注重心并不在传统村落的历史

建筑，而是传统村落的整体风貌和建筑格局，个别建筑的改建、拆建只要不影响整个村落的建筑风貌，依然采用传统的建筑形式，就是被国家政策允许的。

2014年《指导意见》与2012年《指导意见》大体相同，首先，仍然是强调保持传统村落的完整性、真实性与延续性，避免“插花”混建和新旧村不协调，避免填塘、拉直道路等改变历史格局和风貌的行为，禁止没有依据的重建和仿制。具体保护措施方面，强调制定保护发展规划并严格执行，规划区内新建、修缮和改造等建设活动，要经乡镇人民政府初审后报县级住房城乡建设部门同意，并取得乡村建设规划许可，涉及文物保护单位的应征得文物行政部门的同意。“严禁拆并中国传统村落。保护发展规划未经批准前，影响整体风貌和传统建筑的建设活动一律暂停。”这些规定的主要目的仍然是为了保护传统村落的整体格局与历史风貌，没有特别强调不能对古建筑进行改建、扩建之类。

《关于做好中国传统村落保护项目实施工作的意见》规定更加具体一些，更有可操作性。其中，第六条规定：“稳妥开展传统建筑保护修缮。要优先保护村落内濒危的文物保护单位、历史建筑等文化遗产。重要文化遗产核心保护范围内严重影响整体风貌的建筑可适当拆除，新建建筑要在风貌上与原有建筑保持协调一致。核心保护范围外的风貌不协调建筑可适当进行外观改造，不宜大规模拆除。一般性的传统建筑修缮和改造要谨慎推进，每个中国传统村落可先选择1～3处代表性传统建筑（民居）进行示范改造，在保持传统风貌和建筑形式不变的前提下对室内设施进行现代化提升，避免不经试点示范就盲目大规模推进。传统民居的外观改造要运用传统工艺、使用乡土材料。涉及文物保护单位的保护修缮，应符合文物部门的相关规定。”该条规定有比较丰富的内涵，涉及传统村落古建筑保护的一些具体规范需要梳理，主要是三个方面：（1）传统村落里的古建筑被分为文物建筑、历史建筑与一般性的传统建筑，其保护要求各不相同。（2）一般性的传统建筑可以改造，在保持传统风貌与建筑形式不变的情况下，可以对室内设施进行现代化提升。问题是：对于文物建筑和历史建筑，是否允许内部改造？对此需要进一步研究。（3）在文物保护单位、历史建筑等重要文化遗产的保护范围内，对现有建筑进行调整，核心保护范围内的不协调建筑可以适当拆除，核心保护范围外的不协调建筑可以适当进行外观改造，不宜大规模拆除。

值得注意的是，《关于做好中国传统村落保护项目实施工作的意见》第七条特别规定了传统村落基础设施建设的管控。各类公共设施建设和公共环境整治项目不得破坏传统格局，要符合传统村落风貌控制要求，符合规划对设施尺度和规模的控制要求，减少浪费。污水管线、供水管线和电线改造要与道路改造统筹实施，有条件的可以一次性三线入地。有闲置传统建筑可利用时，村落公共服务设施应优先利用闲置传统建筑，不提倡新建博物馆、陈列室、卫生室、超市等公共类项目。要保持村落整体景观节点传统风貌，“严禁进行不符合实际的村口改造，不得将大广场、大型游憩设施、大型旅游设施等生硬嫁接到传统村落”。

相对于《中华人民共和国文物保护法》《历史文化名城名镇名村保护条例》的规定，国家部委对于传统村落的保护规范明显宽松不少，管制没有那么严格。国家政策的重心在于传统村落历史风貌的维持，在不破坏村庄整体格局与建筑风貌的前提下，允许对一般传统建筑进行改造、改建，允许新建风格协调的建筑，当然也允许不太影响村庄风貌的基础设施建设。

### （二）地方性法规对传统村落的保护

近年来，许多省市都颁布了保护传统村落（古村落）的地方性法规或者规章[①]，以法律规范的形式对传统村落进行保护，在很大程度上弥补了传统村落保护只有中央政策而无法律法规的不足。

安徽徽派建筑众多、历史文化价值突出，安徽省人大常委会早在 1997 年就颁布了《皖南古民居保护条例》（2004 年修订），其中涉及的古民居主要是传统村落里的古建筑；历来注重文物保护的苏州市 2005 年颁布了《苏州市古村落保护办法》，2014 年又颁布了效力等级更高的《苏州市古村落保护条例》；传统村落资源丰富的黄山市也在 2009 年颁布了《黄山市古村落保护利用暂行办法》（2014 年修订）。这些保护古民居、古村落的早期探索，为在全国层面展开历史文化名村和传统村落的保护积累了重要经验。

自 2012 年国家推行传统村落保护以来，不少省份颁布了保护传统村落的地方性法规，如 2016 年《江西省传统村落保护条例》、2017 年《江苏省传统村落保护办法》、2017 年《贵州省传统村落保护和发展条例》、2017 年《福建省历史文化名城名镇名村和传统村落保护条例》、2020 年《四川省传统村落保护条例》等。同时，有不少地级市颁布了市级的传统村落保护条例，如《台州市传统村落保护条例》《金华市传统村落保护条例》《信阳市传统村落保护条例》《怀化市传统村落保护条例》《拉萨市古村落保护条例》《广元市历史乡土建筑和传统村落保护办法》等。

总体看来，数量众多的保护传统村落地方性法规或者规章的内容大同小异，其核心规定与国务院颁布的《历史文化名城名镇名村保护条例》相一致，主要是强调加强规划，进行核心保护范围与建设控制地带内的建设活动控制，禁止毁坏或者擅自迁移传统建筑之类。不过，各地立法探索总结了各地不同的经验，汇聚了无数的智慧，字里行间有时也有不少值得关注的创新之处。比如，《苏州市古村落保护条例》第 23 条规定了古建筑的流转以及政府对古建筑的收购，《台州市传统村落保护条例》第 22 条规定村集体可以通过允许村民易地建房的形式将传统建筑协议收归村集体所有，《贵州省传统村落保护和发展条例》第 31 条则允许传统村落的古建筑出卖、出租、抵押、入股等。除了规范传统村落古建筑的流转之外，许多地方性法规还规定了对传统村落的修缮补偿、贷款帮助以及展示利用方式等。

## 四、世界文化遗产保护法律对传统村落古建筑的保护

传统村落保护属于世界主题，自 20 世纪 80 年代以来，不少价值极高的传统村落被列入世界文化遗产，如韩国的回河村和良洞村[②]。我国也有一些传统村落被列入世界文化遗产名录，包括皖南古村落西递、宏村，开平碉堡与村落和福建土楼。对于这些列入世界文化遗产名录的传统村落而言，除了《中华人民共和国文物保护法》《历史文化名城名镇名村保护条例》的保护之外，还有《保护世界文化和自然遗产公约》（以下简称

---

① 关于传统村落地方性法规的梳理，参见石磊：《传统村落整体性保护的法治基础——写在〈文物保护法〉修订征集公众意见之际》，载《华北电力大学学报（社会科学版）》，2020 年第 3 期；周刚志、曾容：《论我国传统村落保护立法：理据、现状与体例》，载《邵阳学院学报（社会科学版）》，2021 年第 2 期。

② 参见薛林平：《建筑遗产保护概论（第二版）》，中国建筑工业出版社，2017 年版，第 231 页。

《世界遗产公约》）等世界遗产保护类法律的额外保护。

《世界遗产公约》第 1 条规定了文化遗产的含义，其中包括“建筑群”，即“从历史、艺术或科学角度看在建筑式样、分布均匀或与环境景色结合方面具有突出的普遍价值的单立或连接的建筑群”。《世界遗产公约》的其余条款分别规定文化遗产与自然遗产的保护机构、保护机制、保护基金以及相关的国际援助和教育计划，但并未具体规定文化遗产的保护规划和保护措施。

为了落实《世界遗产公约》，世界遗产委员会大会于 1977 年通过了《实施〈保护世界文化和自然遗产公约〉的操作指南》（以下简称《操作指南》），之后根据技术发展与观念改变而不断修订，目前是 2019 年的最新版本。作为联系“抽象的《世界遗产公约》的精神”与“缔约国具体的遗产保护工作”之间的纽带[①]，《操作指南》对于世界遗产的保护机构、保护原则和保护措施、世界遗产的申报、监测、国际援助、世界遗产标识、信息来源等做出了具体规定。关于世界遗产的保护和管理，《操作指南》在宣示遗产保护的真实性与完整性原则后，确立了世界遗产核心区与缓冲区制度[②]。针对世界遗产核心区，《操作指南》第 99 条规定：“划定边界是对申报遗产进行有效保护的核心要求，划定的边界范围内应包含所有能够体现遗产突出普遍性价值的元素，并保证其完整性与（或）真实性不受破坏。”针对遗产保护缓冲区，《操作指南》第 103 条规定：“只要有必要，就应设立恰当的缓冲区以有效保护遗产。”第 104 条规定：“缓冲区是为了有效保护申报遗产而划定设立的遗产周围的区域，其使用和开发受到相关法律和/或习惯规定的限制，为遗产增加了保护层。缓冲区包括申报遗产直接所在的区域、重要景观，以及其他在功能上对遗产及其保护至关重要的区域或特征。缓冲区的构成区域应通过合适的机制来决定。申报时，需要提供有关缓冲区大小、特点、授权用途的详细信息以及一张精确标示边界和缓冲区的地图。”《操作指南》规定的核心区，相当于我国《中华人民共和国文物保护法》所规定的文物保护单位的文物本体加上保护范围[③]；《操作指南》使用的“缓冲区”概念，相当于《中华人民共和国文物保护法》所规定的建设控制地带加上保护规划实践中的外围风貌控制区[④]。

我国于 1985 年正式加入《世界遗产公约》。为了贯彻《世界遗产公约》的保护要求，国家各部委先后发布各种规范性文件以及部门规章来明确世界遗产保护的具体措施。2002 年 4 月，文化部等国家 9 部委印发《关于加强和改善世界遗产保护管理工作的意见》（文物发〔2002〕16 号），特别强调保护世界遗产的极端重要性：“世界遗产是具有特殊重要性、珍稀性和脆弱易损性的不可再生资源，必须把对遗产的保护放在第一

① 参见马明飞：《〈保护世界文化和自然遗产公约〉适用的困境与出路——以自然遗产保护为视角》，载《法学评论》，2011 年第 3 期。

② 参见贾丽奇、郭华敏：《〈实施世界遗产公约的操作指南〉中关于“缓冲区”条款的修订解读》，载《规划师》，2015 年 Z2 期。

③ 需要说明的是，世界遗产本身与缓冲区的划分并非易事，有时把本该划为世界遗产的地区划为缓冲区，逃避本该承担的责任；有时把本该划为缓冲区的地区划为世界遗产，又额外增加了保护负担。参见贾丽奇、郭华敏：《〈实施世界遗产公约的操作指南〉中关于“缓冲区”条款的修订解读》，载《规划师》，2015 年 Z2 期。

④ 《操作指南》规定的“缓冲区”要比《中华人民共和国文物保护法》规定的建设控制地带范围更广，在我国规划实践中包括建设控制区和环境控制区。参见王晓：《世界遗产保护中缓冲区的作用研究——以良渚遗址为例》，载《中国文化遗产》，2020 年第 6 期。

位，一切开发、利用和管理工作，都应以遗产的保护和保存为前提，都要以有利于遗产的保护和保存为根本。这是世界遗产事业存在和发展的基础。要清醒地认识到，对世界遗产的保护、管理和利用，有很强的专业性、政策性和敏感的国内外影响；任何遗产地都有其科学的容量和适宜的开发方式，要坚决反对无限度无规划的恶性开发和使用。凡涉及世界遗产的重大建设项目、开发利用计划和管理体制的事项，均需符合国家有关保护法规和有关保护规划要求，严格执行环境影响评价制度，并经依法审批。各地要站在讲政治、讲大局的高度，努力使局部利益服从整体利益，眼前利益服从长远利益，妥善处理好保护和利用的关系，切实保障世界遗产的完整和真实。"

2004 年 2 月，国务院办公厅转发文化部等部门《国务院办公厅转发文化部、建设部、文物局等部门关于加强我国世界文化遗产保护管理工作的意见的通知》（国办发〔2004〕18 号），该文件除了再次强调"要正确处理保护与利用、长远利益与眼前利益、整体利益与局部利益的关系，不能以牺牲和破坏世界文化遗产为代价无限度地开发利用，换取一时的经济利益"。同时，该文件规定："要制订世界文化遗产地保护规划，明确世界文化遗产保护范围、保护措施和目标，并按程序审批。世界文化遗产的保护规划和目标措施，应当纳入当地的土地利用总体规划、城市和村镇建设规划、风景名胜区总体规划以及国民经济和社会发展计划，任何单位和个人不得擅自调整世界文化遗产保护规划。"

2006 年 11 月，文化部发布《世界文化遗产保护管理办法》（文化部令第 41 号），对世界遗产的保护做出了更为具体、可操作的规定。第 3 条规定："世界文化遗产工作贯彻保护为主、抢救第一、合理利用、加强管理的方针，确保世界文化遗产的真实性和完整性。"第 8 条规定：世界文化遗产保护规划由省级人民政府组织编制，由省级文物主管部门报国家文物局审定，经国家文物局审定的世界文化遗产保护规划，由省级人民政府公布并组织实施。根据《世界文化遗产保护管理办法》第 9 条，世界文化遗产中的不可移动文物，应当根据其历史、艺术和科学价值依法核定公布为文物保护单位。同时，第 10 条规定："世界文化遗产中的文物保护单位，应当根据世界文化遗产保护的需要依法划定保护范围和建设控制地带并予以公布。保护范围和建设控制地带的划定，应当符合世界文化遗产核心区和缓冲区的保护要求。"通过上述规定可知，我国主要是借助文物保护的体制来保护世界文化遗产，通过划定世界文化遗产的保护范围和建设控制地带，来满足世界文化遗产核心区与缓冲区的保护要求①。

值得一提的是，一些地方制定了专门的地方性法规来保护世界文化遗产，如《福建省"福建土楼"世界文化遗产保护条例》（以下简称《条例》）。该《条例》详细规定了福建土楼的保护规划与保护措施，直接引入了《实施〈保护世界文化和自然遗产公约〉的操作指南》所规定的世界遗产核心区、缓冲区这些概念。《条例》第 12 条第 1 款规定："在'福建土楼'核心区内，确因需要进行建设的项目，应当符合保护规划，并依法报省人民政府批准。在'福建土楼'缓冲区内进行工程建设，应当符合保护规划，与

---

① 我国世界遗产保护的形势不容乐观，许多世界遗产因为遗产周边的城市化与不合理利用，经常受到世界遗产大会的批评，缓冲区的合理划定与严格落实任重而道远。参见贾丽奇、郭华敏：《〈实施世界遗产公约的操作指南〉中关于"缓冲区"条款的修订解读》，载《规划师》，2015 年 Z2 期。

‘福建土楼’及其生态环境相协调，工程设计方案应当经省文物行政主管部门同意，依法报批后实施。”根据《条例》第 21 条规定：古建筑的维护修缮义务被区分为两种情况，“福建土楼”的日常保养和维护由所有权人或者使用权人负责，“福建土楼”有毁损危险时的重大修缮由县级以上政府负责。

## 第二节　古建筑保护法律对传统村落古建筑的私权限制

我国现行法律、行政法规与中央文件以及地方性法规或规章，对传统村落中古建筑的保护提供了比较有力的法律支持，这对于保护传统村落的历史风貌以及古建筑存续无疑是非常有利的。同时，这些保护古建筑的法律规范也构成了对古建筑所有权人以及古建筑周边房屋所有权人的权利限制。

我国古建筑保护法律对古建筑所有权人及古建筑周边房屋所有权人的限制，主要体现在三个方面[①]：(1) 容忍义务，即古建筑所有权人有义务容忍文物保护相关部门的管理监督行为，如对古建筑设置具有提示、说明功能的相关标识牌，对濒危的古建筑进行修缮、维护等。此种义务对古建筑所有权人的限制比较轻微，通常不会构成需要进行补偿的管制性征收。(2) 不作为义务，即古建筑所有权人及周边房屋所有权人承受事实处分限制，不得毁损、拆除古建筑，不得破坏古建筑环境风貌。这是古建筑保护类法律对私人权利的最大限制。(3) 作为义务，主要是指古建筑所有权人对古建筑的维护、修缮义务，也包括所有权人合理使用古建筑以及在古建筑发生危险时向文物保护相关部门进行通知、报告等义务。本项维护修缮义务往往对古建筑所有权人构成巨大的经济负担。

考虑到古建筑所有权人承受的事实处分限制以及维护修缮义务的复杂性，以下对这两类义务特别展开讨论。

### 一、现行法律对古建筑相关权利人的事实处分限制

#### (一) 传统村落古建筑的不同法律属性

在一个传统村落内，可能存在多种性质不同的古建筑，从而适用不同的法律保护，并产生不同的处分限制。大致来说，传统村落的古建筑可以分为三种：文物建筑、历史建筑与传统风貌建筑。

1. 文物建筑

文物建筑，根据《中华人民共和国文物保护法》进行认定，并按照《中华人民共和国文物保护法》进行保护。文物建筑，分为文物保护单位与尚未核定公布为文物保护单位的不可移动文物（又被称为文物保护点、未定级文物或者一般不可移动文物[②]），其中的文物保护单位又分为全国重点文物保护单位、省级文物保护单位与市县级文物保护单位。传统村落中的文物建筑，主要是市县级文物保护单位与未定级文物，其能获得的

---

① 参见任超：《宗教活动场所不可移动文物的法律保护——以公法义务为核心》，载《中国文物科学研究》，2020 年第 9 期。

② 国家文物局 2017 年 2 月 12 日《关于加强尚未核定公布为文物保护单位的不可移动文物保护工作的通知》将“尚未核定公布为文物保护单位的不可移动文物”这一颇为拗口的名字简称为“一般不可移动文物”。

财力支持与保护力度都比较有限，目前一直处于“快速消失的趋势”中[①]。

2. 历史建筑

“历史建筑”的概念，源于2008年《历史文化名城名镇名村保护条例》，不少地方通过地方性法规来对历史建筑进行确认和保护[②]，有些传统村落保护条例也涉及对历史建筑的认定。例如，《福建省历史文化名城名镇名村和传统村落保护条例》第15条第1款规定：“具备下列条件之一，未公布为文物保护单位，也未登记为不可移动文物的建筑物、构筑物，可以认定为历史建筑：（一）反映当地历史文化和民俗传统，具有特定时代特征和地域特色的；（二）具有行业技术发展代表性或者工程技术具有历史、科学、艺术价值的；（三）与重要政治、经济、文化、军事等历史事件或者著名人物、建筑师相关，具有代表性或者纪念性的；（四）其他具有历史、科学、艺术、文化、教育、景观价值的。”《广元市历史乡土建筑和传统村落保护办法》第14条对于历史建筑的认定做出了更加详细的规定，历史建筑原则上应当建成50年以上，“建成三十年以上不足五十年，但具有特殊的历史、科学和艺术价值，或者具有特殊纪念意义和教育意义的建（构）筑物，可以认定为历史建筑。”狭义的历史建筑，是指文物建筑之外具有一定历史文化价值并获得地方政府特别认定的古建筑。历史建筑有明确的标准，历史建筑的认定和公示，都有严格的程序，传统村落中某个具体的古建筑是否属于历史建筑，可以根据当地政府的认定来确认。

在此，还要说明历史建筑与古建筑的区别。建成三五十年以上的建筑都有可能被认定为历史建筑，这样的建筑通常不属于传统村落保护核心的古建筑。古建筑，通常还是指1911年之前明清时期遗留下来的建筑，民国时期的建筑习惯上被称作历史建筑，就此来说，历史建筑的历史要比古建筑的历史更短一些。不过，历史建筑的认定可能要考虑多种因素，许多有价值的古建筑并没有被认定为历史建筑，而只能算是传统风貌建筑。比较而言，历史建筑有专门的官方认定，受到《历史文化名城名镇名村保护条例》的特别保护，其保护力度要大于一般的传统风貌建筑。

3. 传统风貌建筑

传统建筑的内涵和外延，存在不同的理解。在最广泛的意义上，传统建筑是指古代社会中遗留下来的各类古建筑，文物建筑和历史建筑也属于传统建筑。比如《贵州省传统村落保护和发展条例》第26条规定：“传统村落保护范围内的传统建筑、古路桥涵垣、古井古塘等建（构）筑物的维护修缮，应当遵循修旧如旧的原则。鼓励采用传统建造技术、传统建筑材料进行维护修缮。维护修缮前款规定的建（构）筑物，属于不可移动文物或者历史建筑的，应当遵守有关法律、法规的规定。”在最狭窄的意义上，传统建筑是指文物建筑、历史建筑之外的传统遗留下来的建筑。比如《台州市传统村落保护条例》第7条第2款规定：“本条例所称传统建筑，是指使用传统材料、具有传统形制、运用传统工艺建造的、建成年代较远并且具有一定历史、艺术、科学、社会文化价值，基本能够反映城乡发展史和地方特色，未公布为文物保护单位、文物保护点或者历史建筑，列入传统建筑保护名录的建（构）筑物。”

---

① 国家文物局2017年2月12日《关于加强尚未核定公布为文物保护单位的不可移动文物保护工作的通知》。

② 如《上海市历史风貌区和优秀历史建筑保护条例》《厦门经济特区历史风貌保护条例》等。

相对于文物建筑、历史建筑，未被公布为文物保护单位、文物保护点或者历史建筑的传统建筑可以被称为“一般性的传统建筑”或者“传统风貌建筑”。“一般性的传统建筑”的说法来自 2014 年 9 月 5 日《住房城乡建设部　文化部　国家文物局关于做好中国传统村落保护项目实施工作的意见》（以下简称《意见》），该《意见》第 6 条规定：“……要优先保护村落内濒危的文物保护单位、历史建筑等文化遗产……一般性的传统建筑修缮和改造要谨慎推进……”根据该《意见》，传统建筑被分为文物保护单位、历史建筑与一般性的传统建筑。美中不足的是，该《意见》只提到“文物保护单位”，遗漏了文物保护点，并不能涵盖所有的文物建筑。“传统风貌建筑”的说法来自《历史文化名城名镇名村保护条例》的相关规范性文件。根据《历史文化名城名镇名村街区保护规划编制审批办法》第 15 条与《历史文化名城名镇名村保护规划编制要求（试行）》第 11 条规定，传统建筑可以划分为文物建筑、历史建筑与传统风貌建筑。关于传统风貌建筑的定义，《历史文化名城名镇名村保护规划编制要求（试行）》第 23 条规定：“传统风貌建筑，指具有一定建成历史，能够反映历史风貌和地方特色的建筑物。”根据《历史文化名城保护规划标准》（GB/T 50357—2018）第 2.0.11 条规定，传统风貌建筑是指“除文物保护单位、历史建筑外，具有一定建成历史，对历史地段整体风貌特征形成具有价值和意义的建筑物、构筑物。”

当然，也有很多地方性法规或规章没有采用文物建筑、历史建筑与传统风貌建筑这样的三分法，而是简单地将古建筑分为文物建筑与传统建筑，此时传统建筑就是指文物建筑之外的各类古建筑。如《江苏省传统村落保护办法》第 25 条规定：“传统村落内需要保护的不可移动文物、传统建筑，应当区分不同情况，采取相应措施，实行分类保护，并保持原有的高度、体量、外形及色彩等。”《江西省传统村落保护条例》第 22 条规定：“传统村落保护范围内的不可移动文物、传统建筑、历史环境要素，应当区分不同情况，采取相应措施，实行分类保护。”

笔者认为，将文物建筑之外的古建筑统称为“传统建筑”稍显粗糙，“历史建筑”受到《历史文化名城名镇名村保护条例》的特别保护，与一般性的传统建筑有所不同，应当区分开来。本书结合中央文件精神，并参考《台州市传统村落保护条例》等地方立法，将传统村落中的古建筑划分为文物建筑、历史建筑与传统风貌建筑三个类别。传统风貌建筑，无法得到《中华人民共和国文物保护法》《历史文化名城名镇名村保护条例》等法律、行政法规的保护，只能借助国家部委关于传统村落保护的中央文件以及各地保护传统村落的地方性法规或者规章进行保护。

我国众多传统村落中，不少传统村落同时具有文物保护单位（村落古建筑）、历史文化名村与中国传统村落等多个名号或者法律属性，如安徽泾县的黄田村与江西安义的罗田村。

在我国各地的传统村落中，被官方认定为文物建筑、历史建筑的古建筑是比较有限的，大部分古建筑没有特别的记录、公示和保护要求，属于普通的传统建筑。以江西南昌的安义千年古村落群中的罗田村为例，该村现有明清古建筑 80 余处，但被核定为江西省文物保护单位的古建筑只有世大夫第、友山私宅等寥寥几处。图 2-1 至图 2-6 所示为罗田村古建筑部分照片。

图 2-1　罗田村世大夫第

图 2-2　罗田村友山私宅

图 2-3　罗田村前街

图 2-4　罗田村横街

图 2-5　罗田村民居

图 2-6　罗田村酒坊

### （二）传统村落古建筑的不同保护范围

文物保护的基本原则，一是真实性，二是完整性。其中完整性，是指文物本体与周围环境之间的协调存在。早在 1931 年，《雅典宪章》就指出“应注意对历史古迹周边地区的保护”。1964 年《威尼斯宪章》第 6 条规定：“古迹的保护包含着对一定规模环境的保护。凡传统环境存在的地方必须予以保存，绝不允许任何导致改变主体和颜色关系的新建、拆除或改动。”世界遗产委员会大会《实施〈保护世界文化和自然遗产公约〉的操作指南》第 103 条同样规定：“只要有必要，就应设立恰当的缓冲区以有效保护遗产。”2005 年《西安宣言》进一步规定：“历史建筑、古遗址或历史地区的环境，界定为直接的和扩展的环境，即作为或构成其重要性和独特性的组成部分。除实体和视觉方面含义外，环境还包括与自然环境之间的相互作用，过去的或现在的社会和精神活动、习俗、传统知识等非物质文化遗产方面的利用或活动，以及其他非物质文化遗产形式，它们创造并形成了环境空间以及当前的、动态的文化、社会和经济背景。”由此可见，历史文化遗产保护的完整性内涵不断扩展，既包括静态的自然环境，也包括动态的历史人文环境和社会经济环境①。

为了贯彻文物保护的完整性，世界各国都通过法律对文物周边环境进行保护②。我国自 1982 年颁布《中华人民共和国文物保护法》以来，也一直通过划定文物保护单位的保护范围与建设控制地带等方式来保护文物建筑的周边环境。此外，《历史文化名城名镇名村保护条例》也通过划定核心保护范围与建设控制地带等方式来保护古建筑的周边环境。鉴于不同法律规范所划定的古建筑保护范围略有不同，以下详细讨论。

1.《中华人民共和国文物保护法》对古建筑周边环境的保护

针对文物保护单位，《中华人民共和国文物保护法》确立了“文物本体—保护范围—建设控制地带”三重保护体系。在 2018 年国家文物局制定的《第八批全国重点文物保护单位申报与遴选工作指南》中，又提出了“文物边界”的概念。本来，文物本体是个点状概念，文物边界则将文物本体及其周边一定范围内可以反映文物特征的区域空间都囊括在内。《中华人民共和国文物保护法》的相关规定加上《第八批全国重点文物保护单位申报与遴选工作指南》提出的“文物边界”概念，形成了“文物本体—文物边界—保护范围—建设控制地带”的四重保护体系③。国家文物局 2018 年发布的《全国重点文物保护单位保护规划编制要求（修订稿）》第 21 条规定：“必要时，可根据保证相关环境的完整性、和谐性的要求划定或调整建设控制地带；建设控制地带之外仍有空间视觉景观控制要求的地带，可根据实际需要划定环境控制区。”在此又增加了“环境控制区”，类似于历史文化名城名镇名村保护规划中的环境协调区。鉴于《全国重点文物保护单位保护规划编制要求（修订稿）》尚未颁布，本书对文物保护单位的环境控制区存而不论，只探讨文物保护单位的保护范围与建设控制地带。

---

① 参见薛林平：《建筑遗产保护概论（第二版）》，中国建筑工业出版社，2017 年版，第 98 页。

② 参见金沁、曹永康：《国外文化遗产“周边环境”保护理论对国内文物保护范围划定的借鉴意义》，载《华中建筑》，2015 年第 7 期。

③ 参见师磊：《文保单位保护范围与建设控制地带划定问题探讨》，载《中国文物报》，2019 年 5 月 28 日第 003 版。

（1）文物保护单位的保护范围

保护范围是文物保护单位的“四有”规范内容之一。《中华人民共和国文物保护法》第 15 条第 1 款规定：“各级文物保护单位，分别由省、自治区、直辖市人民政府和市、县级人民政府划定必要的保护范围，做出标志说明，建立记录档案，并区别情况分别设置专门机构或者专人负责管理。”针对文物保护单位的保护范围，《中华人民共和国文物保护法实施条例》第 9 条第 1 款规定：“文物保护单位的保护范围，是指对文物保护单位本体及周围一定范围实施重点保护的区域。”据此，文物保护单位的保护范围包括文物本体在内。

关于文物保护单位保护范围的划定，《中华人民共和国文物保护法实施条例》第 9 条第 2 款规定：“文物保护单位的保护范围，应当根据文物保护单位的类别、规模、内容以及周围环境的历史和现实情况合理划定，并在文物保护单位本体之外保持一定的安全距离，确保文物保护单位的真实性和完整性。”早期文物保护单位的保护范围通常被称为“四至”，即沿着文物四周向东、南、西、北各扩展多少米，保护范围的划定比较粗糙①，近年来，文物保护单位保护范围的划定更加优化，将原来的四至划定法和文字表述模式调整为坐标划定法和图示模式②。为了明确文物保护规划的具体标准，国家文物局发布了《全国重点文物保护单位保护规划编制审批办法》以及相应的《全国重点文物保护单位保护规划编制要求》。根据《全国重点文物保护单位保护规划编制要求》第 8 条关于保护区划等级的规定：“保护范围可根据文物价值和分布状况进一步划分为重点保护区和一般保护区。”重点保护区，又称安全保护区，是为保护文物建筑安全而划定的区域；一般保护区也被称为影响范围，是为保护重点保护区周边环境以及一般文物而划定的区域③。这里的重点保护区与一般保护区的区分主要体现文物价值层面的差异，并无管理要求层面的区别④，

（2）文物保护单位的建设控制地带

《中华人民共和国文物保护法》第 18 条第 1 款规定：“根据保护文物的实际需要，经省、自治区、直辖市人民政府批准，可以在文物保护单位的周围划出一定的建设控制地带，并予以公布。”从法律表述来看，与人民政府必须划定文物保护单位的保护范围不同，文物保护单位的建设控制地带是“可以”而不是“必须”划定。并不是所有的文物保护单位都需要划定建设控制地带，是否划定建设控制地带，要看文物保护单位的实际需要，因地制宜⑤。不过，各级文物保护单位所在地的人民政府普遍划定文物保护单位的建设控制地带。就此，《中华人民共和国文物保护法实施条例》第 14 条规定：“全国重点文物保护单位的建设控制地带，经省、自治区、直辖市人民政府批准，由省、自治区、直辖市人民政府的文物行政主管部门会同城乡规划行政主管部门划定并公布。省级、设区的市、自治州级和县级文物保护单位的建设控制地带，经省、自治区、直辖市

---

① 其中原因之一在于许多文物保护单位的保护区划由各级政府在公布文物保护单位时附带划定，成批公布，针对性较差。参见董云慧：《关于文物保护单位保护区划的几点思考》，载《文物鉴定与鉴赏》，2021 年第 12 期。

② 参见师磊：《文保单位保护范围与建设控制地带划定问题探讨》，载《中国文物报》，2019 年 5 月 28 日第 003 版。

③ 参见刘晓霞等：《文物保护法通论》，中国城市出版社，2006 年版，第 94 页。

④ 参见王涛：《文物保护单位保护规划中保护范围和建设控制地带的划定和分级》，载《东南文化》，2010 年第 2 期。

⑤ 参见刘晓霞等：《文物保护法通论》，中国城市出版社，2006 年版，第 95 页。

人民政府批准，由核定公布该文物保护单位的人民政府的文物行政主管部门会同城乡规划行政主管部门划定并公布。”一些地方立法也明确要求文物保护单位必须划定建设控制地带，例如《北京市文物保护单位保护范围及建设控制地带管理规定》（2007 年修改）第 3 条第 1 款规定：“凡已核定的文物保护单位，均应根据保护文物古迹的格局、安全、环境和景观的需要，划出保护范围和建设控制地带。”

关于文物保护单位建设控制地带的划定，《中华人民共和国文物保护法实施条例》第 13 条规定：“文物保护单位的建设控制地带，是指在文物保护单位的保护范围外，为保护文物保护单位的安全、环境、历史风貌对建设项目加以限制的区域。文物保护单位的建设控制地带，应当根据文物保护单位的类别、规模、内容以及周围环境的历史和现实情况合理划定。”针对全国重点文物保护单位的建设控制地带，《全国重点文物保护单位保护规划编制要求》第 8 条规定：“文物保护单位保护规划应根据确保文物保护单位安全性、完整性的要求划定或调整保护范围，根据保证相关环境的完整性、和谐性的要求划定或调整建设控制地带。”

关于文物保护单位建设控制地带的管制要求，《中华人民共和国文物保护法》第 18 条第 2 款规定：“在文物保护单位的建设控制地带内进行建设工程，不得破坏文物保护单位的历史风貌；工程设计方案应当根据文物保护单位的级别，经相应的文物行政部门同意后，报城乡建设规划部门批准。”《全国重点文物保护单位保护规划编制要求》第 8 条进一步规定：“涉及城镇建设用地的建设控制地带应提出详细的建设控制要求，包括建筑物的体量、高度、色彩、造型等，必要时应提出建筑密度、适建项目等要求。”因为建设控制地带需要协调文物保护与经济社会发展，建设控制地带的划定与管制需要保持一定的灵活性，故而《全国重点文物保护单位保护规划编制要求》第 8 条规定，“建设控制地带可根据控制力度和内容分类。”关于建设控制地带的具体分级，并无全国统一的规定，北京市的地方性可供参考。《北京市文物保护单位保护范围及建设控制地带管理规定》（2007 年修改）第 5 条将文物保护单位的建设控制地带划分为五类：（1）一类地带，为非建设地带，不得建设任何建筑和地上附属建筑物；（2）二类地带，为可保留平房地带，地带内现有的平房不得任意改建添建；（3）三类地带，为允许建筑高度 9 米以下的地带，地带内的建筑形式、体量、色调都必须与文物保护单位相协调；（4）四类地带，为允许建筑高度 18 米以下的地带，靠近文物保护单位的建筑物，其形式、体量、色调应与文物保护单位相协调；（5）五类地带，为特殊控制地带，地带内针对有特殊价值和特殊要求的文物保护单位的情况实行具体管理。

2.《历史文化名城名镇名村保护条例》对古建筑周边环境的保护

与文物建筑类似，历史建筑的保护也形成了多重保护体系①。根据《历史文化名城名镇名村保护条例》，历史建筑的保护范围包括核心保护范围、建设控制地带。根据《历史文化名城保护规划标准》（GB/T 50357—2018）规定，历史文化名城的保护规划，可以根据需要划定环境协调区。现实生活中，许多历史文化名村的保护规划也参照《历史文化名城保护规划标准》（GB/T 50357—2018），普遍划定环境协调区，从而形成

① 关于历史建筑保护体系的演变过程，参见林林：《中国历史文化名城保护规划的体系演进和反思》，载《中国名城》，2016 年第 8 期。

“核心保护范围—建设控制地带—环境协调区”三级区划[①]。

回溯历史，历史文化名城名镇名村的保护体系有一个发展变化的过程。早期的《历史文化名城保护规划规范》（GB 50357—2005）（已被《历史文化名城保护规划标准》取代）第 3.2.3 条规定“保护建筑应划定保护范围和建设控制地带的具体界线，也可根据实际需要划定环境协调区的界线”，由此形成核心保护范围—建设控制地带—环境协调区三重保护体系。根据《镇规划标准》（GB 50188—2007）第 13.0.4 条规定：“镇、村历史文化保护规划应结合经济、社会和历史背景，全面深入调查历史文化遗产的历史和现状，依据其历史、科学、艺术等价值，确定保护的目标、具体保护的内容和重点，并应划定保护范围：包括核心保护区、风貌控制区、协调发展区三个层次，制订不同范围的保护管制措施。”在此，形成了“核心保护区—风貌控制区—协调发展区”三重保护体系。初看起来，“核心保护范围—建设控制地带—环境协调区”三重体系、“核心保护区—风貌控制区—协调发展区”三重体系与现行的“核心保护范围—建设控制地带—环境协调区”差异极大，但这三种保护体系的层次划分不存在根本区别。《历史文化名城名镇名村保护条例》规定的“核心保护范围”与之前的“保护范围”“保护区”这些用语区别不大，“建设控制地带”相当于“风貌控制区”，“环境协调区”相当于“协调发展区”。

（1）历史建筑的核心保护范围

《历史文化名城名镇名村保护条例》第 14 条规定：“保护规划应当包括下列内容：……（四）历史文化街区、名镇、名村的核心保护范围和建设控制地带……”综观《历史文化名城名镇名村保护条例》的整个体系，其中的“保护范围”与“核心保护范围”属于不同概念。根据住房城乡建设部《历史文化名城名镇名村街区保护规划编制审批办法》第 13 条规定，“历史文化名镇名村保护规划应当包括下列内容：……（五）确定保护范围，包括核心保护范围和建设控制地带界线，制定相应的保护控制措施……”由此可以确定《历史文化名城名镇名村保护条例》中的“保护范围”包括核心保护范围与建设控制地带两个部分。《历史文化名城名镇名村保护条例》第 23 条、第 24 条、第 25 条强调不得在历史文化名城、名镇、名村的保护范围内从事破坏或者影响历史文化遗产的相关活动，其中的“保护范围”包括核心保护范围与建设控制地带；第 26 条规范建设控制地带内的建设活动，第 27 条、第 28 条规定核心保护范围内的建设活动，其中的“核心保护范围”即狭义的核心保护范围。

根据《历史文化名城名镇名村街区保护规划编制审批办法》第 15 条规定：“历史建筑的保护范围包括历史建筑本身和必要的建设控制区”，同时，“历史文化街区、名镇、名村内传统格局和历史风貌较为完整、历史建筑或者传统风貌建筑集中成片的地区应当划为核心保护范围，在核心保护范围之外划定建设控制地带”。此处“必要的建设控制区”包括核心保护区与建设控制地带。结合《历史文化名城名镇名村街区保护规划编制审批办法》第 15 条的总体规定，历史建筑的保护范围包括“历史建筑本身—核心保护范围—建设控制地带”三个层次。其中，历史建筑的核心保护范围相当于文物建筑的保护范围，参照《中华人民共和国文物保护法实施条例》第 9 条第 1 款规定，可以认为历

① 参见姚糖、蔡晴：《历史文化名村名镇的保护区划》，载《中国名城》，2010 年第 5 期。

史建筑的核心保护范围是指历史建筑本身及其周围一定范围内重点保护的区域。有学者认为，历史建筑的核心保护范围可能需要将其牵涉的文物保护单位的建设控制地带也包括在内①，考虑到不同保护区域建设控制的程度差异，此种主张不够妥当。根据《历史文化名城名镇名村保护条例》第 28 条第 1 款规定：在历史建筑的核心保护范围内，不得进行新建、扩建活动，但是，新建、扩建必要的基础设施和公共服务设施除外。根据《中华人民共和国文物保护法》第 18 条第 2 款规定：文物保护单位的建设控制地带内，可以进行建设工程，只是不得破坏文物保护单位的历史风貌。所以，现行法律对历史建筑的核心保护范围与文物建筑的建设控制地带，其建设控制的程度存在根本差异，在划定历史街区或者传统村落的核心保护范围时不宜将文物保护单位的建设控制地带划入其中。

（2）历史建筑的建设控制地带

《历史文化名城名镇名村保护条例》第 26 条规定："历史文化街区、名镇、名村建设控制地带内的新建建筑物、构筑物，应当符合保护规划确定的建设控制要求。"根据《历史文化名城保护规划规范》（GB 50357—2005）（已被废止）第 2.0.9 条规定，"建设控制地带"是指"在保护区范围以外允许建设，但应严格控制其建（构）筑物的性质、体量、高度、色彩及形式的区域"。该项定义得到了现行相关规范的确认。根据《历史文化名城名镇名村街区保护规划编制审批办法》第 15 条规定，历史文化街区、名镇、名村内传统格局和历史风貌较为完整、历史建筑或者传统风貌建筑集中成片的地区应当划为核心保护范围，在核心保护范围之外划定建设控制地带。《历史文化名城名镇名村保护规划编制要求（试行）》第 35 条规定："建设控制地带应当按照与历史风貌相协调的要求控制建筑高度、体量、色彩等。"据此，《历史文化名城名镇名村保护条例》对历史建筑的建设控制地带的建设管制要求主要是进行历史风貌控制，所以"建设控制地带"也被称为"风貌控制区"。

现行规范对建设控制地带的控制要求比较抽象，只是要求控制建筑高度、体量、色彩等，具体按照历史文化名城、名镇、名村的保护规划确定的建设控制要求办理②。在国内各处历史文化名村的保护规划中，有些建设控制地带的控制要求属于简单重复国家规范文件的要求③，有些建设控制地带的控制要求更加具体一些④。《历史文化名城保护规划标准》（GB/T 50357—2018）第 5.0.5 条规定，"保护规划应对历史建筑保护范围内的各项建设活动提出管控要求，历史建筑保护范围内新建、扩建、改建的建筑，应在

---

① 参见姚糖、蔡晴：《历史文化名村名镇的保护区划》，载《中国名城》，2010 年第 5 期。

② 参见李明术、王雪颖：《历史建筑建设控制地带空间设计策略研究》，载《设计》，2020 年第 23 期。

③ 如浙江省《慈溪市任佳溪历史文化名村保护规划》规定："按照保护规划严格控制建设控制地带内的建设活动，在此范围内的新建建筑或建筑整修，必须服从'风貌协调'的原则，在建筑高度、风格、形式以及建筑色彩上与传统建筑风貌协调。"参见 http：//www.cixi.gov.cn/art/2019/9/24/art _ 1229041870 _ 401198.html，最后访问日期：2021 年 7 月 29 日。

④ 如《安徽省历史文化名村湖村——磡头保护规划之磡头篇（2016—2030）》规定："所有历史建筑及历史环境要素严禁拆除、破坏，保持原有的高度、体量、外观形象及色彩等。新建、扩建建（构）筑物，应当在使用性质、高度、体量、结构、立面、材料、色彩等方面与历史文化名村风貌协调，建筑高度控制要求屋脊不大于 12 米，檐口不大于 9.5 米。建设活动由相关主管单位审批后进行。"参见 http：//www.cnjx.gov.cn/News/show/244743.html，最后访问日期：2021 年 7 月 29 日。

高度、体量、立面、材料、色彩、功能等方面与历史建筑相协调，并不得影响历史建筑风貌的展示。”本条规定的历史建筑保护范围的建设控制要求主要适用于历史建筑的建设控制地带。

（3）历史建筑的环境协调区

《历史文化名城保护规划标准》（GB/T 50357—2018）第 3.2.1 条规定：“历史文化名城保护规划应划定历史城区范围，可根据保护需要划定环境协调区。”关于环境协调区的定义，《历史文化名城保护规划规范》（GB 50357—2005）（已废止）第 2.0.10 条规定：“环境协调区：在建设控制地带之外，划定的以保护自然地形地貌为主要内容的区域。”目前各地的保护规划中，通行的用语是“环境协调区”，有些保护规划则称之为“风貌协调区”[①]。

现行法律规范并未对环境协调区的建设控制要求提出明确规定，具体的控制要求由各地历史文化名村的保护规划确定。例如，《慈溪市任佳溪历史文化名村保护规划》规定：“（3）环境协调区：环境协调区村域范围，面积 8.6 平方公里。控制要求：区域内建设用地以控制规模和协调建筑风格、颜色、体量为主；以保护古村山水格局、保护周边田园环境为目的。”再如，《安徽省历史文化名村湖村——磡头保护规划之磡头篇（2016—2030）》规定：“环境协调区范围划定：磡头村范围内除核心保护范围和建设控制地带的其他范围。所有历史建筑及历史环境要素严禁拆除、破坏，保持原有的高度、体量、外观形象及色彩等。保持山体田园的自然景观，允许在适当的位置进行适度建设。建筑的外观造型、体量、色彩、高度都应与古村风貌相协调，并且符合保护规划建筑修缮要求。建设活动由相关主管单位审批后进行。”由以上保护规划来看，环境协调区的控制要求与建设控制地带的控制要求不存在根本区别，都是侧重于历史风貌的协调，强调对建筑物外形、体量、色彩、高度等方面的控制，只是具体控制的程度要求可能有所差别。例如，《福建省历史文化名村福清市龙田镇山利村保护规划（2019—2035 年）》规定，建设控制地带的建筑高度控制是“邻近核心区的建筑层数不得超过 2 层，建筑檐口不宜超过 7 米；其他区域的建筑层数不得超过 3 层，建筑檐口不宜超过 10 米”；环境协调区的建筑高度控制是“公共建筑层数不得超过 4 层，建筑檐口不宜超过 15 米；其他建筑层数不得超过 3 层，建筑檐口不宜超过 10 米”[②]。

3. 中央文件与地方性法规对古建筑周边环境的保护

针对传统村落尤其是传统村落中的传统风貌建筑，我国目前并无法律或者行政法规予以规范，主要是借助住房城乡建设部、文化和旅游部等国家部委的规范性文件以及地方性法规或者规章进行保护。

（1）中央文件对古建筑周边环境的保护

与文物建筑、历史建筑不同，传统村落本身就是整体性概念，中央文件保护传统村落的重心在于传统村落的选址、格局、历史风貌及其周边环境，而不是具体的某栋传统风貌建筑。根据 2014 年《关于切实加强中国传统村落保护的指导意见》（建村〔2014〕

---

① 如《宁波市古林镇前虞村历史文化名村保护规划》，参见 https：//www. sohu. com/a/281427358 _ 120047662，最后访问日期：2021 年 7 月 29 日。

② 《福建省历史文化名村福清市龙田镇山利村保护规划（2019—2035 年）》，参见 https：//www. sohu. com/a/352555047 _ 480283，最后访问日期：2021 年 7 月 29 日。

61 号）第 3 条规定，保护传统村落的基本要求是保持传统村落的完整性与真实性，保持建筑、村落以及周边环境的整体空间形态和内在关系，避免“插花”混建和新旧村不协调，避免填塘、拉直道路等改变历史格局和风貌的行为。

针对传统村落的保护规划，2012 年《指导意见》第 5 条规定：“各级传统村落必须编制保护发展规划。规划要确定保护对象及其保护措施，划定保护范围和控制区，明确控制要求”。2012 年《指导意见》对于如何划定保护范围和控制区并无明确规定，2013 年住房城乡建设部《传统村落保护发展规划编制基本要求（试行）》第 5 条强调要将传统村落及与其有重要视觉、文化关联的区域整体划为保护区加以保护，具体保护区划的划定方法与保护管理规定可参照《历史文化名城名镇名村保护规划编制要求（试行）》。这样，传统村落的保护范围也可以划分为核心保护范围、建设控制地带与环境协调区三个层次。

2014 年《关于做好中国传统村落保护项目实施工作的意见》（建村〔2014〕135 号）（以下简称“2014 年《实施意见》”）第 6 条进一步规定：“要优先保护村落内濒危的文物保护单位、历史建筑等文化遗产。重要文化遗产核心保护范围内严重影响整体风貌的建筑可适当拆除，新建建筑要在风貌上与原有建筑保持协调一致。核心保护范围外的风貌不协调建筑可适当进行外观改造，不宜大规模拆除。”其中明确提到了核心保护范围，但未提及建设控制地带与环境协调区，可以认为“核心保护范围外的”区域包括建设控制地带与环境协调区。为了保护传统村落的历史风貌，2014 年《实施意见》第 3 条强调通过乡村建设规划许可制度进行建设控制，要求乡村建设规划许可根据保护发展规划确定的传统格局、建筑风格、外观形象、建筑材料、色彩等规划条件核发。

（2）地方性法规与地方政府规章对古建筑周边环境的保护

我国目前有不少省市颁布了保护传统村落的地方性法规或者地方政府规章，其中关于传统村落保护范围的规定可以分为两种模式：一是类似于《历史文化名城名镇名村保护条例》规定的“核心保护范围—建设控制地带—环境协调区”三重保护体系，二是比较笼统规定的传统村落保护范围模式。

早期的《苏州市古村落保护条例》（2013 年）第 12 条将古村落的保护范围划分为重点保护区与风貌协调区，重点保护区内禁止新建、扩建与古村落保护无关的建筑物（第 16 条），风貌协调区内新建、改建、扩建房屋的，其色调、体量、高度、形式等应当符合整体风貌要求（第 17 条）。其中的“重点保护区”，相当于《历史文化名城名镇名村保护条例》规定的核心保护范围；“风貌协调区”，相当于《历史文化名城名镇名村保护条例》规定的建设控制地带以及相关规范所规定的环境协调区。与此不同，《江西省传统村落保护条例》（2016 年）直接规定了核心保护范围与建设控制地带，核心保护范围内通常禁止新建、扩建建筑物（第 26 条），建设控制地带内新建、改建、扩建建筑物的，需要注意与传统村落历史风貌相协调（第 27 条）。另外，《台州市传统村落保护和利用条例》（2018 年）、《金华市传统村落保护条例》（2019 年）也都规定了核心保护范围与建设控制地带。值得一提的是，《福建省历史文化名城名镇名村和传统村落保护条例》（2017 年）规定的保护规划中同样包括核心保护范围、建设控制地带（第 18 条），核心保护范围内不得进行新建、扩建活动（第 31 条），但该条例没有对建设控制地带内的具体控制措施进行规定。

与以上规定不同，另外一类有关传统村落保护的地方性法规并未严格区分核心保护范围与建设控制地带，只是笼统规定了传统村落的保护范围。例如，《贵州省传统村落保护和发展条例》（2017 年）规定传统村落保护范围内不得擅自新建、改建、扩建建（构）筑物（第 29 条），保护范围内维护修缮传统建筑应当遵循修旧如旧的原则（第 26 条），保护范围内新建、改建基础设施不得破坏传统风貌（第 25 条）。该条例规定的“保护范围”相当于《历史文化名城名镇名村保护条例》中的“核心保护范围”，并不涉及建设控制地带与环境协调区。与此类似的《四川省传统村落保护条例》（2020 年）规定传统村落保护范围内的传统建筑不得擅自拆除、迁建（第 26 条），保护范围内的新建、扩建、改建等建设活动应当做到与村落传统风貌协调一致。该条例规定的保护范围似乎融合了《历史文化名城名镇名村保护条例》中的核心保护范围与建设控制地带。

实践操作中，各地中国传统村落的保护规划各有不同，其中不少直接采用“核心保护范围—建设控制地带—环境协调区”的三重保护体系①。例如，《中国传统村落闽清县梅溪镇桥东村保护发展规划（2017—2035）》明确将保护区划分为核心保护范围、建设控制地带、环境协调区，针对不同保护区制定了详细的控制细则，并有三类高度控制规划②。同样，《中国传统村落黄埔村保护发展规划》第 3 条也将保护范围划分为核心保护范围、建设控制地带与环境协调区③。当然，也有一些传统村落的保护规划没有严格采用“核心保护范围—建设控制地带—环境协调区”的表述，例如江西省九江市《朱砂村中国传统村落保护规划》将保护范围划分为核心保护区、建设控制地带、风貌协调区三个层次④，北京市《昌平区流村镇长峪城村保护发展规划》将保护范围划分为核心保护区与建设控制地带⑤。甚至有些传统村落的保护规划并未采用“核心保护范围—建设控制地带”这样的划分，例如《中国传统村落李市村保护发展规划》直接规定了针对村落轮廓、风貌与传统建筑的保护措施⑥。

**（三）现行法律对古建筑所有权人的事实处分限制**

传统村落中的不同古建筑具有不同的法律属性，包括文物建筑、历史建筑与传统风貌建筑，其所受的事实处分限制各有不同。

1. 文物建筑的事实处分限制

（1）禁止损毁、拆除文物建筑

《中华人民共和国文物保护法》第 26 条第 1 款规定：“使用不可移动文物，必须遵守不改变文物原状的原则，负责保护建筑物及其附属文物的安全，不得损毁、改建、添建或者拆除不可移动文物。”文物保护以不改变文物原状为原则，不得损毁、拆除文物建筑乃是最起码的要求，其正当性不言而喻。

---

① 参见席超、张丽华：《传统村落保护发展规划浅析——以四川省巴中市平昌县元山镇共和村为例》，载《资源与环境人居》，2020 年第 1 期。

② 参见福建省闽清县人民政府官网，http：//www.fzmq.gov.cn/xjwz/zwgk/gggs/202004/t20200427_3262868.htm，最后访问日期：2021 年 7 月 30 日。

③ 参见广州市海珠区人民政府网站，http：//www.haizhu.gov.cn/gkmlpt/content/6/6977/post_6977955.html#1872，最后访问日期：2021 年 7 月 30 日。

④ 参见 https：//www.sohu.com/a/134358769_654278，最后访问日期：2021 年 7 月 30 日。

⑤ 参见 https：//www.sohu.com/a/289940094_138429，最后访问日期：2021 年 7 月 30 日。

⑥ 参见 http：//www.changshu.gov.cn/zgcs/c100303/202007/979edcf4f6b8461a97f58d09083839f3.shtml，最后访问日期：2021 年 7 月 30 日。

（2）禁止明显改变文物建筑的原状

文物保护的基本原则是“保护为主、抢救第一，合理利用、加强管理”，对待文物建筑的首要态度不是改造利用，而是充分保护，非但不能故意损毁、拆除，而且不能改建或者添建。根据《中华人民共和国文物保护法》第 66 条规定，擅自修缮不可移动文物，明显改变文物原状的，属于违法行为，应当责令改正或者予以罚款。所以，文物建筑的所有权人不得对建筑物进行改造或者擅自修缮，尤其是不得改变建筑物的外观或者主体结构。

（3）允许一定程度的内部改造

《中华人民共和国文物保护法》第 26 条第 1 款强调不改变文物原状原则，从保持文物原真性以及最小干预原则出发，应当禁止对文物建筑的内部改造。不过，现代文物保护的理念强调在保护的前提下进行合理利用，《中国文物古迹保护准则》（2015）第 44 条规定：“对仍保持原有功能，特别是这些功能已经成为其价值组成部分的文物古迹，应鼓励和延续原有的使用方式。”对于长期居住使用的一般文物建筑，文物保护部门也认同可以对古建筑内部进行适度的装修改造，比如给排水、煤气、电线、空调、电梯等[①]。就此，《中国文物古迹保护准则》（2015）第 45 条第 2 款规定：“因利用而增加的设施必须是可逆的”，并在“阐释”部分说明：“不能由于利用需要改变反映文物古迹特征的原有形式、结构、工艺、材料、装饰和环境”“所有措施都应是可逆的，在必要时能完全恢复文物古迹利用前的状态。”可见，至少对于传统村落中长期居住使用的一般文物建筑来说，适度的、小幅度的内部改造提升是被允许的。

（4）损毁、破坏文物建筑的刑事责任

针对损毁文物建筑的行为，《中华人民共和国文物保护法》第 64 条规定：“故意或者过失损毁国家保护的珍贵文物”，构成犯罪的，依法追究刑事责任[②]。《中华人民共和国刑法》第 324 条为此设计了三款规定，第 1 款规定：“故意损毁国家保护的珍贵文物或者被确定为全国重点文物保护单位、省级文物保护单位的文物的，处三年以下有期徒刑或者拘役，并处或者单处罚金；情节严重的，处三年以上十年以下有期徒刑，并处罚金。”（故意损毁文物罪）；第 2 款规定：“故意损毁国家保护的名胜古迹，情节严重的，处五年以下有期徒刑或者拘役，并处或者单处罚金。”（故意损毁名胜古迹罪）；第 3 款规定：“过失损毁国家保护的珍贵文物或者被确定为全国重点文物保护单位、省级文物保护单位的文物，造成严重后果的，处三年以下有期徒刑或者拘役。”（过失损毁文物罪）。

根据《最高人民法院 最高人民检察院 关于办理妨害文物管理等刑事案件适用法律若干问题的解释》（法释〔2015〕23 号）第 3 条规定，故意损毁被确定为全国重点文物保护单位、省级文物保护单位的文物，致使全国重点文物保护单位、省级文物保护单位的本体严重损毁或者灭失，或者多次损毁或者损毁多处全国重点文物保护单位、省级文物保护单位的本体的，构成故意损毁文物罪。根据《最高人民法院 最高人民检察院关于办理妨害文物管理等刑事案件适用法律若干问题的解释》第 4 条规定，未被确定为全国重点文物保护单位、省级文物保护单位的古建筑、近代现代代表性建筑等不可移动文

---

① 参见《新快报》记者何姗 2015 年 3 月 30 日报道：《文物建筑并非不能改　内部可适当改动》，见 http：//news. yuanlin. com/detail/2015330/210656. htm，最后访问日期：2021 年 7 月 31 日。

② 关于故意损毁文物罪的一般情形，参见李朝霞：《故意损毁文物罪犯罪形态问题研究》，载《安徽警官职业学院学报》，2010 年第 5 期。

物的本体，可以被认定为“国家保护的名胜古迹”，故意损毁国家保护的名胜古迹致使名胜古迹严重损毁或者灭失或者多次损毁或者损毁多处名胜古迹的，构成故意损毁名胜古迹罪。根据《最高人民法院 最高人民检察院关于办理妨害文物管理等刑事案件适用法律若干问题的解释》第5条规定，过失损毁被确定为全国重点文物保护单位、省级文物保护单位的文物造成严重后果的，构成过失损毁文物罪。

综合上述规定，故意或者过失损毁被确定为全国重点文物保护单位、省级文物保护单位的文物，都有可能构成故意损毁文物罪或者过失损毁文物罪；但对于市县级文物保护单位的文物或者尚未核定公布为文物保护单位的不可移动文物，故意损毁文物建筑的才有可能构成犯罪，过失损毁文物建筑的不构成犯罪。

理论上，文物建筑神圣不可侵犯，擅自损毁、拆除文物建筑的构成故意损毁文物罪，但实践中，国家机关对于农民为了改善居住条件而拆毁文物建筑的行为多是批评教育了事，很少动用刑罚。多年来，因为拆除文物建筑而被判刑的案件并不多见，其中典型如2012年浙江省兰溪市芝堰村的陈柏洪案①，当地村中一度也流行起“谁拆房、谁坐牢”的宣传语②。在2016年浙江省永嘉县芙蓉古村的陈某擅自修房一案中，陈某未经审批擅自修缮作为全国重点文物保护单位的自家房屋，导致文物本体受到一定程度的损毁，已经构成故意损毁文物罪，但是永嘉县检察院考虑到陈某行使物权的迫切需求与不完善的文物修缮制度之间的矛盾，认为陈某的行为“于法不容、于情不忍”，最后酌定不起诉，通过召开听证会对陈某进行警示教育③。基于我国农村社会的现实情况，对于各种擅自修缮、改建乃至拆毁文物建筑的行为，村委会或者村干部很少干预，文物保护部门的人员巡查不过来甚至无法现场阻止，地方公检法部门对此也往往“睁一只眼闭一只眼”，最终的结果是：在对农村文物建筑的保护上，《中华人民共和国文物保护法》成了“没牙的老虎”④。近年来，为了弥补文物保护刑事诉讼的不足，一些公益机构开始探索文物保护公益诉讼，典型的案例如郑州市上街区马固村被拆迁的公益诉讼⑤。

2. 历史建筑的事实处分限制

（1）禁止损坏、拆除历史建筑

《历史文化名城名镇名村保护条例》第33条第4款规定：“任何单位或者个人不得损坏或者擅自迁移、拆除历史建筑。”历史建筑是历史文化名城、名镇与名村的核心，保护历史建筑，首先要禁止损坏或者拆除历史建筑。

（2）允许内部改造，但不允许改变建筑外观

《历史文化名城名镇名村保护条例》第35条规定：“对历史建筑进行外部修缮装饰、

---

①　参见《检察日报》2012年12月7日报道《自家房屋属于文物私拆将涉嫌故意损毁文物罪》，https：//xian. qq. com/a/20121207/000125. htm，最后访问日期：2020年12月23日。

②　参见《钱江晚报》2014年12月26日报道，《村民没钱维修　保护无法可依　金华古民居大批消亡》，https：//zj. qq. com/a/20141226/003523. htm，最后访问日期：2020年12月19日。

③　参见《温州晚报》2016年12月7日报道《他修了下自家的老房子差点摊上故意毁损文物罪》，https：//zj. qq. com/a/20161217/002339. htm，最后访问日期：2020年12月23日。

④　山西长治的一位文物工作者就曾感叹，“归集体和个人所有的古建筑，很不好管理，想拆就拆、想盖就盖。”参见《瞭望东方周刊》2015年4月28日报道《山西文物古建平均每处保护经费不足5000元》，http：//shanxi. sina. com. cn/news/b/2015-04-28/detail-iawzuney4465395. shtml，最后访问日期：2020年12月22日。

⑤　中国生物多样性保护与绿色发展基金会诉郑州市上街区峡窝镇马固村村民委员会等被告民事公益诉讼侵权责任纠纷案，河南省郑州市中级人民法院（2015）郑民二初字第125号。

添加设施以及改变历史建筑的结构或者使用性质的，应当经城市、县人民政府城乡规划主管部门会同同级文物主管部门批准，并依照有关法律、法规的规定办理相关手续。”据此，所有权人有权对历史建筑进行改造，包括对历史建筑进行外部修缮装饰与内部结构调整，但具体的改造方案必须经过城乡规划部门以及文物保护部门的审批。为了强调历史建筑的传承，《历史文化名城名镇名村保护条例》第 27 条第 2 款规定：“历史文化街区、名镇、名村核心保护范围内的历史建筑，应当保持原有的高度、体量、外观形象及色彩等。”所以，历史建筑的改造不得改变建筑物的外观。《历史文化名城保护规划标准》（GB/T 50357—2018）第 5.0.4 条进一步规定：“所有修缮维护、设施添加或结构改变等行为均不得破坏历史建筑的历史特征、艺术特征、空间和风貌特色。”

基于历史建筑保护与利用之间的平衡，应当允许历史建造的改造，但是改造历史建筑需要保持历史建筑的形式感与历史感，注意历史记忆的延续，原来的建筑物结构与外观应当尽可能地保留①。这里所讲的保留历史建筑的外观，并不同于古建筑改造领域的“保留外观”理论或者“外墙主义”②，保持历史建筑的外观风貌不变只是最基本的要求，历史建筑的内部改造也不能为所欲为，而应当注意历史元素的传承。为了保护历史建筑的真实性，在历史建筑的改造中应当坚持空间可复原的改造策略③，避免为了适应现实需要而对历史文化造成无可挽回的损失。

（3）拆除、毁坏历史建筑的法律责任

根据《历史文化名城名镇名村保护条例》第 44 条规定，损坏或者擅自拆除历史建筑的，城乡规划部门应当责令停止违法行为、限期恢复原状或者采取其他补救措施，并可以对个人处以 10 万元以上 20 万元以下的罚款。根据《历史文化名城名镇名村保护条例》第 43 条规定，未经城乡规划部门会同文物保护部门批准，擅自对历史建筑进行外部修缮装饰、添加设施以及改变历史建筑的结构或者使用性质的，应当责令恢复原状或者采取其他补救措施，对个人可以处以 1 万元以上 5 万元以下的罚款。考虑到破坏历史建筑给社会造成的巨大损失，《历史文化名城名镇名村保护条例》规定的处罚标准相对比较滞后④，难以产生足够的威慑效果。

尽管有《历史文化名城名镇名村保护条例》的明确规定，实践中历史建筑的法律保护却有些软弱无力。例如浙江省江山市廿八都古镇的一处历史建筑，房屋所有权人未经规划部门批准，私自将房屋外立面的窗口改成高度 2.1 米、宽度 1.7 米的入户门，还筑起 3 级台阶，侵占古镇街道，执法部门对违法村民反复劝说整改，但并未采取强制法律措施⑤。而在上海市静安区，不少历史建筑的业主在装修时将房屋的外立面与内部结构破坏了，相关部门却没有及时采取措施制止⑥。值得称道的是，在 2017 年上海市静安区

① 参见阿丽莎、王力：《场景文化控制下历史建筑的改造》，载《建筑经济》，2021 年第 4 期。

② 关于“外墙主义”，参见陈蔚、陈全慧：《历史建筑保护“外观保留”模式探析》，载《福建建筑》，2012 年第 12 期。

③ 参见卓晓岚、肖大威：《历史建筑空间可复原改造策略》，载《新建筑》，2021 年第 2 期。

④ 参见杨开：《我国历史建筑保护的困境与对策思考》，载《建筑与文化》，2021 年第 7 期。

⑤ 参见江山电视台 2018 年 4 月 25 日报道，载江山信息网，http：//www.21js.com/html/2018/04/277741.shtml，最后访问日期：2021 年 7 月 31 日。

⑥ 参见看看新闻 Knews2019 年 12 月 19 日的报道：《静安区优秀历史建筑被改“面目全非”谁监督》，https：//baijiahao.baidu.com/s?id=1653358483411996522&wfr=spider&for=pc，最后访问日期：2021 年 7 月 31 日。

巨鹿路 888 号优秀历史建筑被业主违法拆除的事件查处中，静安区房管局责令违法行为人王某在 10 个月内恢复建筑原状，处以该优秀历史建筑重置价 5 倍的罚款①，计人民币 3050 万元②。只是类似的惩罚力度罕见。

3. 传统风貌建筑的事实处分限制

（1）禁止破坏、拆除传统风貌建筑

传统风貌建筑是传统村落的核心组成部分，保护传统村落首先要保护传统风貌建筑不被破坏、拆除。对此，许多保护传统村落的地方性法规或者地方政府规章有明确规定。例如，《江苏省传统村落保护办法》（2017 年）第 27 条第 2 款规定：“任何单位或者个人不得损坏或者擅自迁移、拆除传统村落内的传统建筑。”根据《金华市传统村落保护条例》（2019 年）第 28 条，禁止在传统建筑上刻划、涂污、禁止拆卸传统建筑的构件或者拆除传统建筑。根据《四川省传统村落保护条例》（2020 年）第 26 条规定，禁止进行各种破坏传统建筑的行为，包括擅自拆除传统建筑、拆卸传统建筑的构件或者破坏传统建筑的整体风貌。也有不少地方性法规并未明文禁止拆除传统建筑，但从相关规定中可以推断出来。例如，《江西省传统村落保护条例》（2016）第 35 条规定，不得擅自改变传统建筑主体结构和外观，举轻以明重，自然不得拆除传统建筑。

（2）允许内部改造，但不允许改变建筑风貌

相对于文物建筑、历史建筑，传统风貌建筑所受的改造限制更加宽松一些。2014 年《关于做好中国传统村落保护项目实施工作的意见》第 6 条规定，“一般性的传统建筑修缮和改造要谨慎推进，每个中国传统村落可先选择 1～3 处代表性传统建筑（民居）进行示范改造，在保持传统风貌和建筑形式不变的前提下对室内设施进行现代化提升，避免不经试点示范就盲目大规模推进。”相对于《历史文化名城名镇名村保护条例》第 27 条第 2 款规定的历史建筑改造应当保持原有的外观（高度、体量、外观形象及色彩等）不变，传统风貌建筑的改造需要“保持传统风貌和建筑形式”不变，其隐含的意思是历史风貌建筑的改造允许对建筑物外观进行一定的调整。对此，《历史文化名城名镇名村保护规划编制要求（试行）》第 34 条的规定可以作为印证，该条对于历史建筑要求按照《历史文化名城名镇名村保护条例》的要求（主要是第 27 条）进行保护，对于传统风貌建筑则要求“不改变外观风貌”。

从我国传统村落保护的地方性法规来看，各地对于传统风貌建筑改造的外观控制要求宽严不一，总体上比 2014 年《关于做好中国传统村落保护项目实施工作的意见》第 6 条的规定更加严格。许多地方性法规对传统风貌建筑改造的外观控制要求与历史建筑相同，例如《贵州省传统村落保护和发展条例》（2017 年）第 24 条第 1 款规定：“任何单位和个人不得违反传统村落保护和发展规划，改变传统村落保护范围内传统建筑原有高度、体量、外形及色彩等建筑风貌。”《江西省传统村落保护条例》（2016 年）第 35 条规定：“传统建筑的保护性利用应当与其历史价值、内部结构相适应，不得擅自改变

---

① 《上海市历史文化风貌区和优秀历史建筑保护条例》第 42 条规定：“擅自拆除优秀历史建筑的，由市房屋土地管理部门或者区、县房屋土地管理部门责令其限期改正或者恢复原状，并可以处该优秀历史建筑重置价三到五倍的罚款。”

② 参见《界面新闻》2017 年 6 月 23 日报道：《上海静安区严肃处理巨鹿路 888 号建筑被违法拆除事件》，https：//www.sohu.com/a/151396770_313745，最后访问日期：2021 年 7 月 31 日。

传统建筑主体结构和外观，不得危害传统建筑及其附属设施的安全。”也有一些地方性法规对传统风貌建筑改造的外观控制要求更加灵活一些，如《金华市传统村落保护条例》（2019年）第25条第3款规定的“所有权人、使用权人或者村民委员会自筹资金修缮传统建筑且不改变传统风貌的，县（市、区）人民政府可以给予财政补助或者奖励”，似乎是默认传统风貌建筑的改造不改变传统风貌即可。

考虑到传统村落中传统风貌建筑保护与农民改善居住条件之间的巨大矛盾，为了便利传统风貌建筑的利用和保护，相关部门应当对传统风貌建筑的外观改变采取相对宽松的立场，在保持传统风貌的前提下应当允许对建筑物外观进行一定的调整，比如适当增加建筑高度、扩大门窗之类，不能像对待历史建筑一样强求建筑物外观保持不变。需要注意的是，传统风貌建筑的改造方案，缺乏城乡规划部门进行审核的一般规定，只能借助乡村建设规划许可制度进行建筑风貌控制。

**（四）现行法律对古建筑周边建筑的事实处分限制**

为了保护古建筑的真实性与完整性，文物建筑、历史建筑以及历史风貌建筑都划定了相应的保护范围，并限制保护范围内的建设活动，从而使得古建筑的周边建筑也受到事实处分限制。

1. 文物建筑周边建筑的处分限制

（1）文物建筑保护范围的建设控制

《中华人民共和国文物保护法》第17条规定，除特殊情况外，“文物保护单位的保护范围内不得进行其他建设工程或者爆破、钻探、挖掘等作业”。这里所谓的“其他建设工程”，即文物建筑维护、修缮之外的建设工程。参照《历史文化名城名镇名村保护条例》第28条第1款规定，“在历史文化街区、名镇、名村核心保护范围内，不得进行新建、扩建活动。但是，新建、扩建必要的基础设施和公共服务设施除外”，应当认为在文物保护单位的保护范围内，通常不得进行任何工程的新建、扩建活动。

（2）文物建筑建设控制地带的建设控制

《中华人民共和国文物保护法》第18条第2款规定：“在文物保护单位的建设控制地带内进行建设工程，不得破坏文物保护单位的历史风貌；工程设计方案应当根据文物保护单位的级别，经相应的文物行政部门同意后，报城乡建设规划部门批准。”根据该条规定，文物保护单位的建设控制地带内可以进行工程建设，但是相关建设的工程设计方案需要经过政府部门审核。根据《全国重点文物保护单位保护规划编制要求》第8条规定：“涉及城镇建设用地的建设控制地带应提出详细的建设控制要求，包括建筑物的体量、高度、色彩、造型等，必要时应提出建筑密度、适建项目等要求”。

2. 历史建筑周边建筑的处分限制

（1）历史建筑核心保护范围的建设控制

《历史文化名城名镇名村保护条例》第28条第1款规定：“在历史文化街区、名镇、名村核心保护范围内，不得进行新建、扩建活动。但是，新建、扩建必要的基础设施和公共服务设施除外。”据此，在历史文化名村的核心保护范围内，不得进行新建、扩建，相关村民的建设活动受到限制。

（2）历史建筑建设控制地带的建设控制

《历史文化名城名镇名村保护条例》第26条规定：“历史文化街区、名镇、名村建设控制地带内的新建建筑物、构筑物，应当符合保护规划确定的建设控制要求。”据此，历史建筑建设控制范围内可以新增建筑，但应当按照“与历史风貌相协调的要求控制建筑高度、体量、色彩等”[《历史文化名城名镇名村保护规划编制要求（试行）》第 35 条]。《历史文化名城保护规划标准》（GB/T 50357—2018）第 5.0.5 条进一步规定：“保护规划应对历史建筑保护范围内的各项建设活动提出管控要求，历史建筑保护范围内新建、扩建、改建的建筑，应在高度、体量、立面、材料、色彩、功能等方面与历史建筑相协调，并不得影响历史建筑风貌的展示。

（3）历史建筑环境协调区的建设控制

《历史文化名城保护规划标准》（GB/T 50357—2018）第 3.2.1 条规定：“历史文化名城保护规划应划定历史城区范围，可根据保护需要划定环境协调区。”从各地历史文化名村的保护规划来看，环境协调区的控制要求与建设控制地带的控制要求类似，强调对建筑物外形、体量、色彩、高度等方面的控制，只是具体控制的程度要求可能有所差别。

3. 传统风貌建筑周边建筑的处分限制

传统村落中传统风貌建筑的保护范围类似于历史文化名村的保护范围划定，包括“核心保护范围—建设控制地带—环境协调区”三个层次，基本的要求是：核心保护范围内，禁止新建、扩建与古村落保护无关的建筑物；建设控制地带以及环境协调区内，新建、改建、扩建建筑物的，需要注意与传统村落历史风貌相协调（如《苏州市古村落保护条例》《台州市传统村落保护和利用条例》《江西省传统村落保护条例》等）。

**（五）不同古建筑所受事实处分限制的比较**

文物建筑、历史建筑与传统风貌建筑，三者所对应的不同事实处分限制，可以通过下表进行说明：

**表 2-1　不同古建筑所受事实处分限制比较**

| 建筑类型 | 适用法律 | 文物本体 | 保护范围 | 建设控制区 |
|---|---|---|---|---|
| 文物建筑 | 《中华人民共和国文物保护法》 | 不得改变文物原状，不得毁损、改建、添建或者拆除 | 不得实施其他建设工程 | 进行建设工程，不得破坏文物保护单位的历史风貌 |
| 历史建筑 | 《历史文化名城名镇名村保护条例》 | 不得损坏或者擅自迁移、拆除历史建筑，对历史建筑进行外部修缮装饰、添加设施以及改变历史建筑的结构或者使用性质的，在政府部门的监管下进行，应当保持原有的高度、体量、外观形象及色彩等 | 核心保护范围内，不得进行新建、扩建活动。但是，新建、扩建必要的基础设施和公共服务设施除外 | 应当符合保护规划确定的建设控制要求，按照与历史风貌相协调的要求控制建筑高度、体量、色彩等 |
| 传统风貌建筑 | 住房城乡建设部等部委 2014 年 9 月 5 日《关于做好中国传统村落保护项目实施工作的意见》，各地关于传统村落保护的地方性法规、地方政府规章 | 不得损坏或者擅自迁移、拆除传统建筑，可以进行现代化改造，但要保证传统建筑的结构安全，保持传统风貌和建筑形态不变 | 核心保护范围内原则上不得新建、扩建；重建、改建房屋的应当符合传统村落保护发展规划的要求，与传统村落整体风貌相协调 | 新建、重建、改建、扩建、外装修、外装饰和修缮建（构）筑物应当符合传统村落保护发展规划要求，保证建筑形式、体量、高度、色彩与传统村落整体风貌相协调 |

通过表 2-1 可以看出，文物建筑的保护标准最高，根本不允许改建，文物建筑所有权人只能修旧如旧，不得改变文物原状。相比之下，历史建筑或者传统风貌建筑的事实处分限制要宽松一些，在不改变房屋主体结构和建筑形式、历史风貌的前提下，可以对古建筑进行改造。与建筑本体所受的不同限制相对应，文物建筑、历史建筑与传统风貌建筑的周边建筑，其所受限制也不同。

近年来，在一些设计师的帮助下，不少传统村落的古建筑不但进行了通风、采光、保暖、上下水等功能性的改进，也对房屋的内部空间布局、结构功能的提升进行了多样化的探索。如何在改造古建筑以适应现代生活需要的同时保持传统风貌，特别值得研究。

关于建筑风貌的保护，安义罗田村（图 2-7 至图 2-9）的经验值得借鉴，无锡斗山村陆家渠（不属于传统村落）的做法（图 2-10、图 2-11）也有值得称道之处。

图 2-7　罗田村建于 20 世纪 80 年代的农村新居

图 2-8　罗田村正在建造的新房（1）

图 2-9　罗田村正在建造的新房（2）

图 2-10　斗山村陆家渠的新民居（1）

图 2-11　斗山村陆家渠的新民居（2）

不过，现实生活中，大部分传统村落都是充满了“插花式”建筑，很难维持一种协调优美的传统风貌。可以看看无锡严家桥（图 2-12 至图 2-15）和萧山东山村（图 2-16 至图 2-18）的例子。

图 2-12　无锡严家桥村景（1）

图 2-13　无锡严家桥村景（2）

图 2-14　无锡严家桥村景（3）

图 2-15　无锡严家桥村景（4）

图 2-16　萧山东山村金坞（1）

图 2-17　萧山东山村金坞（2）

图 2-18　萧山东山村金坞（3）

## 二、古建筑所有权人所负担的维护修缮义务

### （一）现行法律对古建筑所有权人维护修缮义务的规定

我国《中华人民共和国文物保护法》《历史文化名城名镇名村保护条例》以及各地保护传统村落的地方性法规与地方政府规章对古建筑所有权人的维护修缮义务多有规定，以下对不同古建筑的修缮义务进行汇总。

1. 文物建筑的维护修缮

（1）文物建筑所有权人的维护修缮义务

《中华人民共和国文物保护法》第 21 条第 1 款规定："国有不可移动文物由使用人负责修缮、保养；非国有不可移动文物由所有人负责修缮、保养。非国有不可移动文物有损毁危险，所有人不具备修缮能力的，当地人民政府应当给予帮助；所有人具备修缮能力而拒不依法履行修缮义务的，县级以上人民政府可以给予抢救修缮，所需费用由所有人负担。"根据该条规定，文物修缮的原则是"谁所有、谁修缮"，只有在所有权人无力修缮时政府才会给予适当帮助。

根据《中华人民共和国文物保护法》第 21 条第 1 款规定，文物建筑所有权人保护文物的基本义务是对文物建筑进行保养和修缮①。此处的保养、修缮，是文物建筑最典型的两种保护措施。根据《中国文物古迹保护准则》（2015 年）第 24 条规定，文物古迹的保护措施包括保养维护与监测、加固、修缮、保护性设施建设、迁移以及环境整治。根据《中华人民共和国文物保护法》规定以及文物保护的实践操作，文物保护主要包括日常维护保养与修缮两个方面。

强调日常维护保养是文物保护的重要原则之一，应避免盲目的、大动干戈的保护工程②。《中国文物古迹保护准则》（2015 年）第 25 条第 1 款规定："保养维护及监测：是文物古迹保护的基础。保养维护能及时消除影响文物古迹安全的隐患，并保证文物古迹的整洁。应制定并落实文物古迹保养制度。"《全国重点文物保护单位保护规划编制要求》第 9 条同样规定："一般保护措施应满足文物的保存、管理、安防和日常维护要求。"日常维护保养是一个长期、持续的过程，可以防微杜渐，让文物建筑保存得更久更好③。

相对于日常维护，文物建筑的修缮是更受关注的一个领域。修缮包括现状整修与重点修复，现状整修主要是规整倾斜、坍塌，修补残损部分，清除不适当的添加物；重点修复包括恢复文物古迹的稳定状态，添补缺失部分④。文物建筑的修缮专业性强，所需费用更高，《中华人民共和国文物保护法》重点规范的也是文物建筑的修缮，强调所有权人有义务对文物建筑进行抢救修缮。

---

① 有学者认为文物建筑所有人的维护义务，是指对文物建筑进行保养、修复、适当对待以及防范各种风险的义务。参见任超：《宗教活动场所不可移动文物的法律保护——以公法义务为中心》，载《中国文物科学研究》，2020 年第 9 期。

② 参见薛林平：《建筑遗产保护概论》（第二版），中国建筑工业出版社，2017 年版，第 103 页。

③ 参见戴明琪、陈昌勇、郭祥、刘威、陈少伟：《文物建筑外立面保养维护与周边环境整治方法初探——以深圳市龙岗区客家围屋西埔新居为例》，载《建筑与文化》，2021 年第 4 期。

④ 参见薛林平：《建筑遗产保护概论》（第二版），中国建筑工业出版社，2017 年版，第 124 页。

（2）文物建筑维护修缮的程序要求

文物建筑的修缮具有高度专业性，现行法律对文物建筑修缮的程序、资质都有明确要求。根据《中华人民共和国文物保护法》第 21 条第 2 款规定，对文物保护单位进行修缮，应当根据文物保护单位的级别报相应的文物行政部门批准；对未核定为文物保护单位的不可移动文物进行修缮，应当报登记的县级人民政府文物行政部门批准。关于文物建筑的修缮计划与施工方案，《中华人民共和国文物保护法实施条例》第 18 条规定："文物行政主管部门在审批文物保护单位的修缮计划和工程设计方案前，应当征求上一级人民政府文物行政主管部门的意见。"

针对文物保护单位的修缮，《中华人民共和国文物保护法》第 21 条第 3 款规定："文物保护单位的修缮、迁移、重建，由取得文物保护工程资质证书的单位承担。"《中华人民共和国文物保护法实施条例》第 15 条规定："承担文物保护单位的修缮、迁移、重建工程的单位，应当同时取得文物行政主管部门发给的相应等级的文物保护工程资质证书和建设行政主管部门发给的相应等级的资质证书。其中，不涉及建筑活动的文物保护单位的修缮、迁移、重建，应当由取得文物行政主管部门发给的相应等级的文物保护工程资质证书的单位承担。"

2. 历史建筑的维护修缮

（1）历史建筑所有权人的维护修缮义务

根据《历史文化名城名镇名村保护条例》第 33 条第 1 款规定："历史建筑的所有权人应当按照保护规划的要求，负责历史建筑的维护和修缮。"该条第 3 款规定："历史建筑有损毁危险，所有权人不具备维护和修缮能力的，当地人民政府应当采取措施进行保护。"同时，该条第 2 款规定："县级以上地方人民政府可以从保护资金中对历史建筑的维护和修缮给予补助。"与《中华人民共和国文物保护法》相比，《历史文化名城名镇名村保护条例》的规定更加人性化，更加合理可行，一是规定在所有权人主动修缮历史文物时，地方政府给予补助；二是规定在所有权人无力修缮时，政府出面进行保护。

根据《历史文化名城名镇名村保护条例》第 33 条，所有权人对历史建筑的保护义务主要包括维护和修缮两个方面，与文物建筑的保养与修缮并无实质区别。根据《历史文化名城名镇名村保护规划编制要求（试行）》第 34 条规定，对历史建筑的分类保护，分别采取修缮、改善、整治和更新等措施。同时，《历史文化名城保护规划标准》（GB/T 50357—2018）又采用了"修缮""维修""改善""整治"等用语，其中"修缮"包括日常保养、防护加固、现状修整、重点修复等，"维修"是指维护和加固，"改善"则是指调整、完善内部布局及设施。可以看出，《历史文化名城保护规划标准》中的"维修"本身应该属于"修缮"的内容，而广义的"修缮"可以分为维护与修缮两大部分。

（2）历史建筑修缮的程序要求

根据《历史文化名城名镇名村保护条例》第 35 条规定，对历史建筑进行外部修缮装饰的，应当经城市、县人民政府城乡规划主管部门会同同级文物主管部门批准，并依照有关法律、法规的规定办理相关手续。同时，根据《历史文化名城名镇名村保护条例》第 43 条规定，未经审批擅自修缮历史建筑的，城乡规划主管部门应当责令恢复原状或者采取其他补救措施。

3. 传统风貌建筑的维护修缮

保护传统村落的中央文件考虑到农村社会的现实，并未强调传统风貌建筑所有权人的修缮义务。根据 2014 年《住房城乡建设部 文化部 国家文物局关于做好中国传统村落保护项目实施工作的意见》第 6 条规定，要优先保护村落内濒危的文物保护单位、历史建筑等文化遗产，一般性的传统建筑修缮和改造要谨慎推进，传统民居的外观改造要运用传统工艺、使用乡土材料。2014 年《关于切实加强中国传统村落保护的指导意见》则强调加大资金投入，主要通过中央财政拨款以及社会捐献来保护传统村落中的传统风貌建筑。

与中国传统村落可以获得较多中央财政支持不同，大多数传统村落的古建筑修缮只能依赖于地方政府以及农民个人。例如，《苏州市古村落保护条例》（2013 年）第 22 条规定："古建筑保护管理责任人自筹资金修缮古建筑的，市、县级市（区）人民政府应当参照市区古建筑抢修贷款贴息和奖励办法给予贷款贴息、奖励，或者按照文物维修和保护专项经费使用管理办法的规定给予补助。"根据该条规定，古建筑保护管理责任人（并不一定是古建筑的所有权人）有义务修缮古建筑，政府部门给予帮扶、奖励或者补助。更多地方性法规则直接规定：传统建筑的维护修缮，由所有权人或者使用人负责；没有所有权人的，由村民委员会负责（《台州市传统村落保护和利用条例》第 19 条第 1 款、《贵州省传统村落保护和发展条例》第 27 条第 1 款、《金华市传统村落保护条例》第 25 条、《四川省传统村落保护条例》第 24 条等）。同时，地方性法规参照《历史文化名城名镇名村保护条例》普遍规定：对于所有权人自筹资金进行维护修缮的，人民政府可以给予补助或者奖励（《台州市传统村落保护和利用条例》第 19 条第 1 款、《贵州省传统村落保护和发展条例》第 27 条第 2 款、《江苏省传统村落保护办法》第 27 条第 2 款、《江西省传统村落保护条例》第 34 条第 3 款、《金华市传统村落保护条例》第 25 条第 3 款、《四川省传统村落保护条例》第 24 条第 2 款等）。

**（二）古建筑维护修缮中存在的问题**

初步来看，我国现行法律对古建筑维护修缮的规定相当完备，古建筑修缮的难题似乎已经解决，不过古建筑修缮真是当代中国最麻烦的问题之一。古建筑修缮，困难重重，主要涉及以下五个方面：

第一，古建筑修缮自身面临技术、材料、人员等各种难题。修缮、维护古建筑，尤其是要做到"不改变现状"或者"修旧如旧"，技术上会碰到各种各样的难题，许多时候需要古建筑专家进行研究，制定适当的维修方案[①]。在具体修缮过程中，因为要使用"原材料、原工艺"，也会遇到很多的麻烦。首先是原材料不好找，很多传统形制的砖瓦、木料、石材，如今比较稀缺，全国范围内也不太好找，四处购买的结果是各种非法或者灰色的建筑构件买卖猖獗，不少传统村落古建筑甚至文物保护点的构件被盗取、拆卖，最后用于修缮全国重点文物保护单位或者是省级文物保护单位，《中华人民共和国文物保护法》修旧如旧的要求对全国各地的文物而言，等于是"保一批，拆一批"。而

---

① 针对"不改变原状"的深入分析，参见王璐：《溯源与新解：论文物古迹"原状"》，载《东南文化》，2018 年第 2 期；高天：《中国"不改变文物原状"理论与实践初探》，载《建筑史》（第 28 辑），清华大学出版社，2012 年，第 177-184 页。

且，实际施工中，懂得传统手艺的匠人也越来越少，找到合适的施工人并不容易。

第二，古建筑修缮的成本非常高昂。因为原材料不易得，手艺人不好找，找专家攻克技术难题更是花费巨大。实际生活中，农民聘请当地的传统手艺人进行修缮，花费还少一些；如果按照《中华人民共和国文物保护法》的资质要求，先由设计单位出设计方案，然后再由拥有资质的专业施工单位进行修缮，相关的成本就会增加很多倍。当代中国农村，绝大多数农民对于古建筑没认同、没感情[①]，本来就不愿意花费钱财去修缮，偶尔碰到个别有情怀、有财力的热心人，高昂的古建筑修缮价格也经常吓退古建筑的所有权人或者帮助出资修缮的人[②]。

第三，古建筑修缮的程序严格、僵硬而复杂，许多时候阻挡了正常的修缮活动。相对来说，传统风貌建筑的修缮程序比较简单，历史建筑与文物建筑的修缮需要层层审批、不断的专家论证、专业的设计方案与施工单位，往往还需要招标，而招标的官方限制条件距离市场行情又相差万里，许多时候连文物保护部门想要启动修缮程序都要历经千难万难[③]。不少奋斗在文物保护一线的人们不断呼吁：国家对文物修缮的流程和修缮资金的使用，不要规定那么细，限制那么严，脱离实际的教条束缚了人们的手脚，最终啥也干不了。未来，应当探索一种负面清单制度，国家政策列明不许做的事情，至于正面如何去做完全交给具体操办人员灵活处理，必要时进行事后的监督审计即可，没有必要每一分钱都要审批。

第四，政府资助古建筑修缮中的利益关系不好协调。古建筑修缮，不完全是为了公共利益，完全由政府出资也不太合理，而且政府也没有太多的财政支持来修缮古建筑。如果古建筑所有权人自主对房屋进行修缮，政府给予30%甚至更高比例的补助或者奖励，双方利益是比较平衡的；如果古建筑的修缮费用完全由政府承担，文物保护部门投入上百万元修缮维护房屋后，古建筑依然属于私人完全控制甚至对文物保护或者文物展示行为非常抵触，文物保护部门就感到付出没有回报。所以，某些情况下，地方政府也可能会与古建筑的所有权人进行协商，由村集体对古建筑的宅基地进行置换，在对古建筑所有权人进行补偿后由地方政府或者村集体获得古建筑的所有权，这样政府基于公益目的修缮集体所有或者国家所有的古建筑，也更容易理顺关系。但是，如果政府从修缮古建筑中谋求获得相应权利的话，又容易引发古建筑所有权人的抵触情绪，关系不好协调。

第五，古建筑的多个共有人之间关系不好协调，常常影响到古建筑的修缮。不少古建筑经过百年传承，目前的所有权关系比较复杂，往往属于多个家庭几十口人共有，高昂的古建筑维修费用和复杂的古建筑维修流程，再碰上古建筑多个所有权人之间的沟通协调，事情解决的难度呈几何倍数增加，许多时候几乎是无解。

正是因为面临以上种种难题，古建筑修缮的形势在我国一点也不乐观。虽然法律上

---

① 古建筑的历史价值、文化价值、审美价值等，接受较高文化教育的人才容易懂得，一般农民享受不了。许多时候，农民为衣食愁、为住房愁、为医疗、教育和养老愁，也没有心情享受传统村落的古建筑。

② 许多古建筑年久失修、摇摇欲坠，修缮维护至少需要耗资百万元，连许多乡村的成功人士都负担不起。

③ 比如广州市每年安排6000万元的文物保护专项资金，但因为审计标准远远偏离市场行情，文物保护局根本没有办法动用这笔钱财来维修古建筑。参见《新快报》2016年11月17日报道《数千万文物保护专项资金为何花不出去》，http：//www. rmzxb. com. cn/c/2016-11-17/1151317. shtml，最后访问日期：2020年12月23日。

赋予所有权人修缮古建筑的义务，但是古建筑所有权人修缮古建筑的情形罕见。许多所有权人看到没有对古建筑进行改建、扩建或者拆毁重建的机会，干脆放弃修缮古建筑，只是等待政府来修缮，而政府财力有限、人手不足、启动修缮的程序也是复杂而麻烦，许多古建筑都在等待修缮中毁损、坍塌。

## 三、传统村落古建筑保护对普通农村房屋所有权的影响

传统村落古建筑保护，一方面限制古建筑所有权人以及古建筑周边建筑的权利人对建筑物进行事实处分，另一方面又对所有权人施加了维护修缮古建筑的法律义务，从而对古建筑权利人造成重大影响。各种权利限制中，对农民利益影响最大的是，传统村落保护区的农民不得在自家宅基地上扩建、新建房屋。

无论是文物建筑还是普通古建筑，法律对房屋所有权人最基本的要求都是不得损毁、拆除古建筑。这一要求对于中国绝大多数农民来说，是不能接受的。对于空置的房屋或者通常只有老年人居住的古建筑来说，法律允许所有权人对古建筑进行改造，大体上可以满足古建筑所有权人的需要①。对于实际居住在古建筑中的多人口家庭来说，改造古建筑对于改善居住条件的作用比较有限，他们更渴望的还是要拆除古建筑，建造新房屋。在没有文物保护类法律进行限制的情况下，古建筑的所有权人拆旧建新，可以获得相当巨大的好处：一方面，拆除古建筑，将整个古建筑卖掉或者将值钱的建筑构件卖掉，都能获得一笔可观的收入②；另一方面，农民在原宅基地上建造楼房，可以大大改善居住条件，能够满足农民家庭娶妻生子的各种需要，还能为所有权人赢得发家致富的“面子”③。

古建筑保护的法律和政策剥夺了农民拆旧建新以改善居住条件的权利，农民拆毁文物建筑甚至擅自修缮文物建筑，都会面临锒铛入狱的结局④。对于传统风貌建筑的所有权人来说，拆旧建新虽然不构成犯罪，但毕竟是违法行为。如果农民遵纪守法就难以改善居住条件，国家保护古建筑的结果是让农民承担了保护古建筑的社会成本。在此，保护古建筑的利益属于整个社会和全体国民，维护古建筑的成本却让古建筑的所有权人独自承担，这样的制度安排显然是不公平、不合理的。

关于古建筑与小洋楼的对比，在杭州市萧山区东山村的金坞自然村最为明显，可以通过图 2-19 至图 2-21 感受一下。

---

① 实践中，古建筑改造的成本比较高昂，因为不能改变古建筑的结构和形制，还要使用原工艺、原材料，改造古建筑的花费许多时候超过了新建小洋楼，所以一般人还是想着最好可以拆旧建新。

② 农民出卖古建筑，通常能获得几万元甚至几十万元，文物贩子转手出卖，有可能获得几百万元。国家文物局的一位领导曾经感叹：“盗掘文物的利润比贩毒高 30 倍，如此利益驱动，能不疯狂?”实践中，文物贩卖、文物修缮、文物盗窃在一些时候混在了一起。参见《瞭望东方周刊》2015 年 4 月 28 日报道《山西文物古建平均每处保护经费不足 5000 元》，http：//shanxi. sina. com. cn/news/b/2015-04-28/detail-iawzuney4465395. shtml，最后访问日期：2020 年 12 月 22 日。

③ 不少居住在狭小破旧的古建筑的农民还要承受别人对他们“贫穷落后”的嘲讽，没有人将他们视为保护古建筑的英雄。

④ 为了降低古建筑维护的难度，有些学者（比如李华东）认为，没有必要对所有的文物建筑都严格要求保持原状，一些历史价值与文化价值不太高的普通文物（文物保护点）的修缮利用可以灵活一些。

图 2-19　萧山东山村金坞（1）

图 2-20　萧山东山村金坞（2）

图 2-21　萧山东山村金坞（3）

# 第三章

# 补偿古建筑所有权人的理论分析与制度建构

## 第一节　比较法上所有权限制及其补偿的不同理论

包括《中华人民共和国文物保护法》在内的古建筑保护类法律形成对私人所有权的限制，而私权限制引发私人对古建筑保护的抵触或者漠视，由此造成古建筑保护中公共利益与私人利益的冲突，必须设法化解。从比较法的角度来看，文物保护的实践发端于19世纪而定型于20世纪，其间伴随着“法治国”“社会国”等观念的兴起，基于保护文物目的而行使的行政权力，从一开始就面临着权力正当化的拷问，对于限制私权正当性的论证也带来了不同的补偿私权的理由，值得我们梳理、借鉴。

### 一、古建筑保护与公物理论

#### （一）公物理论的基本内容

公物理论在法国与德国等大陆法系国家都有讨论和运用。该理论以对行政法治中的物力要件进行讨论为基础[①]，研究公物在行政法中的规制地位。综合我国法学界（尤其是行政法学界）的研究，对于公物理论的基本共识，主要包括以下几个方面：

首先，根据大陆法系的公物理论，公物（或称公产）包括：服务于行政活动的物（比如行政大楼、消防设施）；行政主体支配之下的直接服务于公共利益且无须经过许可而使用的物（街道、道路和广场）；根据特定许可使用的物品（学校、医院等）[②]。这些物的共同特征在于其以服务于公共利益为目的。该种公物的观念源远流长，罗马法肇其端绪，法国法奠定现代公物法的基础理论，而后传播至德国、日本等大陆法系国家[③]。我国学界通常将公物划分为直接供社会公众使用的物与公共主体使用的物，前者称之为“公众用公物”，后者称之为“行政用公物”[④]。公众用公物一般是指社会公众可以自由使用的财产，诸如道路、桥梁、通信设施、邮政设施、地铁、风景名胜区等；行政用公物一般指行政单位直接使用的财产，如办公场所、公务用车、执法设备、办公用品等[⑤]。

---

① 参见朱维究，孟庆武：《行政公物基础理论研究》，载《学术界》，2019年第7期。

② 参见肖泽晟：《公物法研究》，法律出版社，2009年，第8页。

③ 参见侯宇：《行政法视野里的公物利用研究》，清华大学出版社，2012年版，第13-20页。

④ 参见周刚志、罗娇：《行政公物与我国行政公物制度构建》，载《岭南学刊》，2007年第6期。

⑤ 参见朱维究，孟庆武：《行政公物基础理论研究》，载《学术界》，2019年第7期。

其次，根据公物理论，公物原则上不能成为国家物权的客体①，它是向特定共同体成员自由开放使用的物。在大陆法系国家，公园、河流、湖泊等自然资源都是公物，而且公众无须许可即可自由使用。但是对于消耗物（石油、天然气），因为不能供公众持续使用，则被纳入国家私产的范围②。这种划分还有如下实践意义：一项财产如果成为公物，就不受私法规则的限制，也不能成为强制执行的标的。

最后，公物与私人所有财产并不完全对立。公物可能是公有物，也可能是私有物③。公物理论中存在私有公物的概念④，私有公物与公有公物相对应，如果一件公物由国家或集体所有，就是公有公物；相反，如果私有财产具有服务于公共利益的目的与性质，则同样可以成为公物。

因此，不应在公物/非公物、公有物/私有物这两组概念之间建立错误的对应关系。公物与非公物概念的对立，不同于公有物与私有物的对立。前者主要基于一项是否承载直接公共利益功能，是否具有服务于社会公益的性质而确定。在此基础上，尽管对公物调整的法律制度也属于公法范围，但可能在该范围内具有独立的地位。

但是，私有公物能否像一般的公物概念一样，存在于公物法之中，可能存在理论上的困惑。有观点认为，“事实上供公众利用的私人财产只是事实上的公物，不是公物法上的公物”⑤。通常，对私人财产的规制存在于私法制度中。如此，对于具有公物性质的私人财产而言，如果要使其发挥公物作用，就必须通过具有公法行为性质的措施实现。

此外，根据公物理论，公物也可允许附带私用。有些公物在公用同时，可以附带许可供私人目的使用。

公物理论的目的在于确定向公众分配利益的规则。在这一过程中，既涉及对具有分配权力的人分配权的限制，也涉及对私有财产权范围的界定与限制。后者在私有公物的场合尤其具有意义。

**（二）公物理论对古建筑保护的影响**

公物理论对文物保护的法律实践有着深刻而久远的影响。正如时下我国一句流行语所说“所有权可以是个人的，但资源属于全社会”。公物理论的最大价值在于其揭示了某些物品所具有的公共属性，私有公物的概念本身就蕴含着私人所有权与公共利益的融合，从而为保护公共利益而限制私权的公法义务或者行政管制提供了理论基础，同时也隐含了限制私权应当给予补偿的理念⑥。就文物保护来说，文物作为见证人类历史文明变迁的实物，具有重大的历史价值、文化价值、审美价值与科学价值，属于全人类的公共财富，对于每一个普通公众乃至整个人类文明的可持续发展都具有重要意义。通常来说，文物的现时拥有者并非文物的创造者，从某种意义上说，文物是全体社会成员共同

---

① 参见肖泽晟：《公物法研究》，法律出版社，2009 年，第 4 页。

② 参见肖泽晟：《公物法研究》，法律出版社，2009 年，第 9 页。

③ 参见洪善伦：《非国有不可移动文物保护中的物权问题》，载《赤峰学院学报（汉文哲学社会科学版）》，2012 年第 7 期。

④ 参见肖泽晟：《公物法研究》，法律出版社，2009 年，第 29 页。

⑤ 参见肖泽晟：《公物法研究》，法律出版社，2009 年，第 52 页。

⑥ 参见洪善伦：《非国有不可移动文物保护中的物权问题》，载《赤峰学院学报（汉文哲学社会科学版）》，2012 年第 7 期。

创造的财富，每个公众对文化遗产都应当拥有接触、欣赏和参与的权利[①]。就此而言，私有文物具有非常强烈的公共属性，具有超越私人财产之上的公益性质，属于公物理论中非常典型的私有公物[②]。

正是基于私有文物的公益属性，《中华人民共和国文物保护法》才对非国有文物施加了各种公法负担，其中既有消极负担型的限制，又有积极负担型的限制[③]。私人文物的所有者非但不能损毁、拆除自家的房屋，而且负有义务维护修缮自己的房屋。当然，正因为私有文物中包含着公共利益，《中华人民共和国文物保护法》才会对私有文物的修缮进行帮助和支持。现实生活中，面对阻拦拆房的文物保护人员，许多农民都会不解地质问："这是我家的房子，凭啥不让拆?"如此理直气壮的追问有时会让文物保护人员无言以对，甚至让准备对拆毁文物行为提起公诉的检察官都退避三舍。其实，站在公物理论的角度，这样的质问并不难回答。因为私有文物既是私人享有所有权的物品，也是公众享有正当权益的物品。古建筑作为农村房屋，当然可以拆，但是古建筑作为文物，则根本不许拆。私有公物的概念，比较好地解释了私人共有与公益属性之间的共存关系，一方面尽最大可能尊重私权，另一方面也要积极捍卫私有文物中的公共利益。

## 二、古建筑保护与特别牺牲理论

### （一）特别牺牲理论的基本内容

特别牺牲理论来源于德国，有关特别牺牲的最早法律规范出现于1794年《普鲁士普通邦法》的第74条与第75条，特别牺牲的完整理论则由德国著名行政法学家奥托·迈耶于19世纪末期提出。

特别牺牲理论以"所有权的社会义务"为前提。私人所有权与公共利益之间可能会产生冲突，而且，公共福祉应优先得到满足。据此，所有权人行使其所有权必须受到限制，且该限制应内在于所有权之中，由此产生"所有权的社会义务"。这一对所有权自由的合理约束被规定于德国《基本法》第14条之中[④]。基于该前提，财产权人为了满足公共利益之需，必要时应牺牲其财产利益。

但是，这并不意味着财产权人为公共利益所需，在所有情形下都应该无条件地牺牲其利益。"所有权的社会义务"同样可作为界限标准加以使用。据此，在财产权应承受之内在限制的合理界限内，权利人负有容忍义务，且不产生补偿问题；只有对财产权的限制超过了权利人应忍受的社会义务的界限，亦即公民因该基于国家利益或公益而施加之限制所产生的损失程度达到了"特别牺牲"时，国家才应依法予以相应的补偿。因此，财产权的社会义务同时构成"一般牺牲的界限"[⑤]，当超出该界限时，就进入了应

---

① 参见王云霞、胡珊辰：《公私利益平衡：比较法视野下的文物所有权限制与补偿》，原载《武汉大学学报（哲学社会科学版）》，2015年第6期，收入《文物保护法研究专辑》编写组编：《文物保护法研究专辑Ⅳ》，文物出版社，2016年版，第1-14页。

② 参见张杰：《公共用公物权研究》，法律出版社，2012年版，第58页。

③ 参见胡大伟：《准征收视域下私人不可移动文物财产权的公法限制与补偿》，载《常州大学学报（社会科学版）》，2018年第5期。

④ 参见〔德〕鲍尔、施蒂尔纳：《德国物权法》（上册），张双根译，法律出版社，2004年版，第4页。

⑤ 参见陈应珍：《试论公益征收补偿的根据：一个比较法的视角》，载《中国石油大学学报（社会科学版）》，2007年第3期。

予补偿的“特别牺牲领域”，国家应负补偿义务①。

如何使该界限更为具体并因此具有一定的可操作性，是一个比较棘手的问题。因为，该界限必须保持相当的灵活性和弹性，以适应千差万别的个案情形。但是，如果因为个案情形的多变性，就仅仅将具体化工作交由法官自由裁量，也不完全可取。

奥托·迈耶认为，当政府部门对财产权的限制时间过长、强度过大，超出了内在限制的范围和比例，对权利人造成特定的损害或损失时，就形成事实上的过度限制和特别牺牲②。有研究者提出，首先应基于“广义的法律保留原则”判断社会义务的范围，即社会义务首先应由法律、行政法规等加以规定，如果特定限制没有法定依据，就构成对侵害财产权的行为。其次，如果对财产权的权能进行了全面剥夺，或者对个别权能进行了全面且无法预见其结束期间的非“微量”限制，也超出了社会义务的合理范围③。还有研究者认为，因为难以从限制程度上计算出对财产权人的损害程度，故可考虑从收益价值角度确定界限。因为通常对财产权权能的限制直接关系到经济利益的损失，故“应以私法物权所有人损失程度作为标准。”④

根据奥托·迈耶的观点，特别牺牲理论以自然法上的公平正义观念为基础，对于特定个体所受的特别牺牲应由社会全体成员予以分担。通常，这种补偿以捐税或其他类似方式实现。一个人的负担转化为全体社会成员分担，使特别负担者和其他人之间得到均衡。特别牺牲理论最终导致“调节损失的补偿制度”。

从法律适用角度而言，特别牺牲理论以调整国家对私人财产权过度限制的补偿为目的，可用于填补德国国家责任法上的漏洞⑤。在德国，国家责任分为国家赔偿责任和行政补偿责任，且区分“违法性”与“可归责”两个要件。这样，国家赔偿责任以国家“违法且可归责”为要件之一，行政补偿责任以“合法且不可归责”为要件之一（比如公用征收行为），但是对于“违法但不可归责”却无明文规定，因此产生法律漏洞。法院依据特别牺牲理论创造出国家责任形态，在现行法付之阙如的场合，对“应予补偿的财产权限制”进行补偿⑥。

**（二）特别牺牲理论在古建筑保护中的适用**

从学术史的角度来说，发端于德国的特别牺牲理论与肇始于法国的公物理论并非一脉相承，但两种理论在文物保护的逻辑上具有前后相续的关系。非国家所有的不可移动文物作为私有公物，其中包含着公共利益，为了维护公共利益，必须对私人所有权的行使施加限制，要求文物建筑的所有权人承担维持一个博物馆的义务，以至于所有权成为

---

① 参见孙凌：《论财产权的“变相剥夺”及其救济——以〈杭州市历史文化街区和历史建筑保护办法〉第26条为分析原型》，《法治研究》，2007年第8期。

② 参见张国超：《我国私人不可移动文物所有权限制和补偿研究》，载《东南文化》，2018年第4期。

③ 参见孙凌：《论财产权的“变相剥夺”及其救济——以〈杭州市历史文化街区和历史建筑保护办法〉第26条为分析原型》，《法治研究》，2007年第8期。

④ 参见洪善伦：《非国有不可移动文物保护中的物权问题》，载《赤峰学院学报（汉文哲学社会科学版）》，2012年第7期。

⑤ 参见孙凌：《论财产权的“变相剥夺”及其救济——以〈杭州市历史文化街区和历史建筑保护办法〉第26条为分析原型》，《法治研究》，2007年第8期。

⑥ 参见〔德〕鲍尔、施蒂尔纳：《德国物权法》（上册），张双根译，法律出版社，2004年版，第257页。

徒有虚名的裸权。[①] 显然，此种限制超出了普通公众应当承受的所有权负有义务的一般限制（比如不得滥用权力、不得污染环境之类），从而构成一种特别牺牲，因而需要国家对私有文物的所有权人进行补偿。

传统村落的农民为古建筑保护所做出的特别牺牲，是显而易见的，被限制权利的农民也许无法说出“特别牺牲”这样的字眼，但每个人都能感觉自己因为国家保护文物而承受的不利。许多老房子狭小破旧、年久失修[②]，遇到下雨天屋里漏雨，冬天特别寒冷，多数时候屋里也没有卫生间，生活居住非常的不方便。如果不是因为自己居住的房屋属于文物，这样的破烂房子可能早就被拆除了，但是基于保护文物建筑的需要，多少条件相对艰苦的农民只能住在珍贵而又破旧的古建筑中。无论是基于改善民生的考虑，还是基于对古建筑所有权人所做出的特别牺牲，都需要对古建筑所有权人进行补偿。

整体看来，《中华人民共和国文物保护法》对古建筑所有权的限制是立体的、全方位的、长时间的[③]。禁止拆旧建新构成对传统村落农民权利的极大限制，同时古建筑保护的高额费用也是对于私权的严重限制，修缮古建筑的巨额花费对于每个人而言都是一笔沉重的负担，上百万元的支出对于普通农民来说根本无法承受。古建筑保护的结果使得农民既无法将房屋拆除重建，通常也没有办法对房屋进行修缮使用，只能一家人挤在破旧的古建筑中艰难度日或者干脆放弃居住自己的房屋而在其他地方租房居住[④]。

而且，基于保护古建筑需要对农民权益的限制并非一时的权宜之计，而是要长期地、永远地存续下去。天长日久，古建筑日益衰败，古建筑保护对私权的限制只会越来越严重，直到古建筑倒塌或者所有权人搬走。古建筑保护的价值属于全社会，但是古建筑保护的负担落在生活比较贫困的农民身上，不能不说古建筑所有权人做出了巨大的特别牺牲。绝大多数传统村落因为地处偏远、贫穷落后，这些农民因为没有足够财力早早拆旧建新，才让千年文明的最后遗存得以保留，然后这些贫困的农民就要为保护传统建筑而继续贫困地生活下去，哪怕他们有钱拆旧建新了也只能继续住在狭小破旧的古建筑中。对于许多农民来说，过去没钱拆旧建新，如今有钱了也不能拆旧建新，当大多数农民都过上了社会主义新农村的幸福生活，传统村落的农民却过着什么样的日子？他们该如何想？他们又能说什么？[⑤]

不得不提的是，传统村落中为古建筑保护做出牺牲的不仅仅是古建筑的所有权人，

---

① 参见〔德〕鲍尔、施蒂尔纳：《德国物权法》（上册），张双根译，法律出版社，2004 年版，第 573 页。

② 年久失修不能完全责怪古建筑的所有权人，因为文物建筑的修复程序复杂而费用高昂，许多农民即使想着简单修缮一下以应付居住需要，受制于法律的威胁，也可能不敢去修缮，擅自修缮文物通常造成文物损坏，甚至可能构成故意损毁文物罪。

③ 参见张国超：《我国私人不可移动文物所有权限制和补偿研究》，载《东南文化》，2018 年第 4 期。

④ 例如，惠州博罗县旭日村，许多农民困居旧房中，无力修缮，等不到宅基地建新房，只能在外租房居住。参见《南方农村报》2016 年 7 月 12 日报道，《惠州市博罗县龙华镇旭日村保护古村落遇难题：古村禁止拆旧建新，房屋坍塌怎么办》，http：//news. wugu. com. cn/article/814202. html，最后访问日期：2020 年 12 月 19 日。

⑤ 同样是在惠州博罗县的旭日村，有农民说：“我家 7 口人，住 80 平方米的房子，你看，现在墙都裂了。政府要开发、要保护，我们也支持，但是要让村民有房子住，说分宅基地让我们盖房子，结果分了十几年也没有分下来。”参见《南方农村报》2016 年 7 月 12 日报道，《惠州市博罗县龙华镇旭日村保护古村落遇难题：古村禁止拆旧建新，房屋坍塌怎么办》，http：//news. wugu. com. cn/article/814202. html，最后访问日期：2020 年 12 月 19 日。什么叫牺牲？这就是牺牲。什么叫无奈？这就是无奈。眼中有泪，心中有恨，保护古建筑的人必须始终牢记农民最基本的需要。

也包括古建筑周边核心保护区的人们甚至包括整个村落的人们。根据《中华人民共和国文物保护法》《历史文化名城名镇名村保护条例》的规定，位于受保护古建筑周边、可能对古建筑的保存和保护造成影响的私人不动产所有权人处分和利用其房屋的行为也受到一定的限制。[①]

## 三、古建筑保护与管制性征收理论

### （一）管制性征收理论的基本内容

公私利益协调中，征收是一种常用的手段，与征收类似的极端管制措施往往被称为“准征收”，美国法上称之为“管制性征收”，德国法上则称之为“类似征收侵害”[②]。其中，美国法上的“管制性征收”在我国具有广泛影响。

美国法上，超过私人应承受之限度而对其财产权施加公权限制的处理方式，被称为“管制性征收”。在管制性征收中，尽管政府未实际占有私有财产，也没有对其造成实际物质侵害，只是限制私有财产的某些用途或者附加一定条件，但这种管制行为对财产权人的财产价值造成不利影响，侵害了权利人对财产利益的预期[③]。因此，该管制可能被视为征收，同样应予以公平补偿。

“管制性征收”的判断标准，属于美国法上的疑难棘手问题，甚至被美国学界认为是“乱七八糟”“令人迷惑”的“迷”。[④] 美国法经过上百年的发展，形成管制性征收的几个不同发展阶段：

1. 区分财产权限制与征收

早在 19 世纪末，美国最高法院已经注意到财产权的限制与传统征收的不同。在 Mugler v. Kansas 一案[⑤]中，原告在美国堪萨斯州建了一座酿酒厂，后来堪萨斯州通过禁止生产销售烈性酒的宪法修正案，原告认为州政府虽未直接征收原告酒厂，但其禁令破坏了财产价值，因此应当给予补偿。哈兰大法官认为，州政府通过立法“禁止对健康、道德以及公共安全有害的财产用途，在任何公正的情况下，都不能被视为征收或对财产的剥夺”[⑥]。哈兰大法官将“财产权剥夺”作为“征收”概念的核心要素，认为州政府只是限制财产的有害使用，并未实施财产权剥夺，故而不构成征收。[⑦]

2. 管制性征收的判断标准

“管制性征收”的概念肇始于 1922 年的宾夕法尼亚煤炭公司诉马洪案[⑧]，该案重点关注的因素是管制措施造成的财产价值减损程度以及公共利益性质。该案中，联邦最高

① 参见王云霞、胡珊辰：《公私利益平衡：比较法视野下的文物所有权限制与补偿》，原载《武汉大学学报（哲学社会科学版）》，2015 年第 6 期，收入《文物保护法研究专辑》编写组编：《文物保护法研究专辑Ⅳ》，文物出版社，2016 年版，第 1-14 页。

② 参见胡大伟：《准征收视域下私人不可移动文物财产权的公法限制与补偿》，载《常州大学学报（社会科学版）》，2018 年第 5 期。

③ 参见刘连泰、刘玉姿等：《美国法上的管制性征收》，清华大学出版社，2017 年版，第 8-9 页。

④ 参见彭涛：《管制性征收研究：以土地利用管制为中心》，商务印书馆，2019 年版，第 7 页。

⑤ 参见 Mugler v. Kansas，123 U. S. 623（1887）。

⑥ 参见刘连泰、刘玉姿等：《美国法上的管制性征收》，清华大学出版社，2017 年版，第 43 页。

⑦ 参见王洪平、房绍坤：《论管制性征收的构成标准——以美国法之研究为中心》，载《国家检察官学院学报》，2011 年第 1 期。

⑧ 参见 Pennsylvania Coal Co. v. Mahon，260 U. S. 393（1922）。

法院承认了政府行使警察权限制私有财产的正当性，因为“如果政府必须为它做出的所有减少土地附带价值的行为支付补偿，它将难以为继”。故而，有些财产价值基于公共福祉必然受到默示限制，必须对公权力做出让步。不过，法院同时认为，该限制必须要有限度，否则会使政府机关基于“人类本性”而过度管制从而导致“私人财产消失”。不过，马洪案并未提出判断管制限度的量的标准，只有一个质的标准。代表法庭多数意见的霍姆斯法官认为，“至少一般规则是……如果管制走得太远，将被认为构成征收。”判断管制是否“走得太远”时必须考虑的因素之一是财产价值减损程度。根据该标准，如果行政机关管制行为过度减损财产价值，财产的利用管制就被视同征收，需要加以补偿[①]。同时，“财产价值减损程度”标准必须和公共利益的性质进行比较。如果对财产的巨大干预只为促进微小的公共利益，就应当被认定为征收；反之，如果对财产的微小干预可以促进较大的公共利益，就应被认定为合理使用。[②]

1978 年的宾州中央运输公司诉纽约市案[③]中，在判断是否构成管制性征收时，布伦南大法官认为，判断一项政府管制是否构成征收，除财产价值减损程度之外，还应考虑“政府行为的性质”和“政府对确定之投资预期的干预程度”两个因素，从而形成三要素判断标准[④]。在布伦南大法官所确立的三要素中，最为重要的是政府行为的性质，但判断政府行为性质的考虑因素却非常模糊，联邦最高法院和各州法院在宾州中央运输公司诉纽约市案之后继续探讨政府行为的性质。根据学者的总结，判断“政府行为的性质”，应当考虑如下因素[⑤]：

（1）管制是否废除了基本财产权利中的特性。如果一项政府管制废除了财产权利中的某个基本特性，则倾向于认定其构成管制性征收。比如，一个管制条款废除了财产利益中继承和遗赠的权利，就构成征收。

（2）管制是否具有合理的溯及力。如果行政行为具有严重的溯及力，要求某些人对很久之前的行为承受负担，有可能构成不合情理的管制性征收。

（3）管制是否存在物理性侵入的情形，即政府对财产是否施加了有形可见的物理性侵入措施。但是，如果政府允许权利人使用财产的剩余部分并盈利，则不构成物理性侵入。此外，还应区分临时物理性侵入和永久物理性侵入。如果仅存在临时性物理侵入，并不直接构成征收。

（4）是否违反了妨害原则。据此，管制是否符合妨害原则，与判断其是否构成征收密切相关。如果财产权人以法律上被认为是妨害的方式使用财产，而政府管制措施达到了禁止该妨害使用的效果，则不构成管制性征收。因为，财产权人负有以不妨害公共健康、安全的方式使用财产的义务。

（5）是否存在互惠互利。互惠互利原则要求政府管制对所有财产权人施加负担，并

---

① 参见刘连泰、刘玉姿等：《美国法上的管制性征收》，清华大学出版社，2017 年版，第 11 页。

② 参见刘连泰、刘玉姿等：《美国法上的管制性征收》，清华大学出版社，2017 年版，第 11-12 页。

③ 参见 Penn Central Transportation. Co. v. City of New York，438 U. S. 104（1978）。本案是有关建筑风貌保护的著名案例，根据纽约市地标保护法，纽约市中央车站被列为“历史性地标”，原告将中央车站的一部分租给 UGP 公司，后者决定在车站建造一栋新的办公大楼，遭到纽约地标保护委员会的反对。原告因此起诉，认为政府机关的管制对其构成管制性征收，要求补偿。

④ 参见刘连泰、刘玉姿等：《美国法上的管制性征收》，清华大学出版社，2017 年版，第 52 页。

⑤ 参见刘连泰、刘玉姿等：《美国法上的管制性征收》，清华大学出版社，2017 年版，第 57-69 页。

给予利益，每个人都有得有失。因此，如果管制措施能够在整体上产生公平的利益分配和义务承担，就可能不构成征收。如果管制措施从一个财产权人那里获得利益，然后再分配给另一个人，可能就构成征收。该原则整体上以分配正义作为思想基础。

（6）是否实质性地促进合法的政府利益等。该原则意味着，如果财产权的管制措施对实质公共目的的实现并非合理必要，就可能被认定为“征收”。

以上是美国管制性征收的基本理论。

**（二）保护传统村落古建筑是否构成管制性征收**

参考美国法上的管制性征收理论，特别是美国法院在判断政府行为性质的考虑因素，我们可以更深刻地认识《中华人民共和国文物保护法》等古建筑保护类法律对传统村落农民权益所造成的巨大影响。

第一，古建筑保护类法律废除了农村房屋最基本的功能——拆旧建新，严重限制乃至剥夺了农民房屋的正常使用功能。众所周知，农村房屋的核心价值不在于房屋本身而在于房屋所附着于其上的宅基地使用权，全国农民利用农村房屋的最常见方式就是不断地拆旧建新，根据自身财力建造越来越好的房屋，不断提升自己的居住条件与生活品质，然而古建筑保护类法律剥夺了农民拆旧建新的权利。对于一般的古建筑，农民只能对房屋进行合理范围内的内部改造；对于文物建筑，农民几乎无权对老房子进行任何改动，因为要“保留原状”。

第二，古建筑保护类法律给所有权人施加了修缮、维护房屋的沉重负担。古建筑的修缮，与普通房屋的修缮完全不是一回事，其审批控制程序严格而又烦琐，修缮古建筑的成本远远超过普通农民的收入水平，动辄几十万元或上百万元的修缮费用也超过了农民拆旧建新盖楼房的费用。尽管政府对古建筑的管制并不涉及物理性侵入，但各种管制严重影响到了古建筑所有权人对房屋的正常使用。

第三，古建筑保护类法律可能会给古建筑的所有权人带来一些利益，比如对于修缮房屋的补助或者未来对房屋进行商业利用（包括旅游开发）的可能性，但是这些可能的利益相对于法律管制给所有权人带来的巨大损害来说，是不成比例的，甚至是微不足道的。政府可能给予的修缮房屋补助是有限的，申请房屋修缮补助的条件是严苛的，程序是烦琐的，大多数时候阻止了正常的申请补助需求。至于未来商业开发的好处，只是一种潜在的可能，对于许多交通不便、偏远荒凉的传统村落来说，对村中古建筑进行商业利用的可能性很小。

第四，古建筑保护类法律确实维护了公共利益，为天下后世保留了中华民族的历史传承和珍贵文物，但这不足以证明限制古建筑处分不构成征收。客观而言，上述美国法上判断政府行为性质的第（6）项考虑因素不能成立，如果一项管制措施不能增进政府的合法利益，该项措施本身就是违法的[①]，根本不该存在。只有在管制性措施增进了公共利益的前提下，才有必要考虑如何在保留该管制性措施的同时兼顾被管制性措施损害的私人权益。

基于以上考虑因素，古建筑保护类法律对于古建筑所有权人的各类综合性管制已经构成了“征收”，国家应当对此进行补偿。[②] 值得特别强调的是，相对于都市地区的私

---

① 参见彭涛：《管制性征收研究：以土地利用管制为中心》，商务印书馆，2019 年版，第 33 页。

② 参见胡大伟：《准征收视域下私人不可移动文物财产权的公法限制与补偿》，载《常州大学学报（社会科学版）》，2018 年第 5 期。

宅，传统村落的农民房屋进行开发利用（拆旧建新）的物权法空间更大，农村古建筑所有权人受到法律管制的损失也更大，国家更有理由对传统村落中的古建筑所有权人进行补偿。

## 四、古建筑保护与公共地役权

### （一）两种模式的公共地役权

古建筑保护领域另外一种经常被强调的理论或者模式是公共地役权，近年来，不少学者撰文建议通过公共地役权来实现古建筑保护领域公私利益的兼顾。① 需要注意的是，公共地役权的理论与实际操作比较复杂，大致可以分为两种模式：一种是欧洲大陆的公共地役权（行政地役权）模式，另外一种是美国的公共地役权模式。

1. 欧洲大陆的公共地役权模式

在大陆法系国家，基于公物管制的理论，国家可以为了公共利益的需要，通过立法或者行政权力对不动产的所有权人进行一定限制，为其设定一定的积极或者消极负担，这种负担不以所有权人的同意为前提条件，被称为“公共地役权”，又被称为“行政役权”。② 公共地役权的适用范围非常广泛，涉及供电、通信、公安、消防、市政、航空、保护文化遗产等多个领域。③ 在法国、德国、意大利乃至日本，普遍借助公共地役权的制度对古建筑所有权设定文物保护的义务，主要包括：（1）维持文物的历史价值和艺术价值，不得对文物进行破坏、移位；实施修复或者可能改变文物原状的行为时，必须征得文物保护部门的许可。（2）容忍义务，所有权人必须容忍文物保护机关对文物进行保护和利用（比如挂牌宣传）的各种行为。（3）维护和修缮义务，必须按照政府指定的标准对文物进行修缮。④

欧洲大陆的公共地役权，本质上属于行政权，只是借用民法上地役权的名义罢了，并非真正的地役权。⑤ 公共地役权通过行政权力设定，不需要征得古建筑所有权人的同意，通常也不会对所有权人进行补偿，与传统民法上地役权协商、有偿的特点背道而驰。有学者认为这种类型的公共地役权，虽借助了地役权的机制，但仍然过分强调对公共利益的维护，未摆脱义务本位的规范模式。⑥

2. 美国的公共地役权模式

与欧洲大陆的公共地役权模式不同，美国的公共地役权由普通法上的传统地役权制度发展而来，被称作遗产保护地役权。美国的遗产保护地役权可以分为两大类：一类是

---

① 参见林旭霞、王芳：《历史风貌建筑的权利保护与限制——以公共地役权为解决方案》，《福建师范大学学报（哲学社会科学版）》2012 年第 3 期；参见蔡立东、杨晔、刘国栋：《历史建筑保护的物权法进路》，《山东社会科学》，2014 年第 3 期。

② 参见王云霞、胡珊辰：《公私利益平衡：比较法视野下的文物所有权限制与补偿》，载《武汉大学学报（哲学社会科学版）》，2015 年第 6 期，收入《文物保护法研究专辑》编写组编：《文物保护法研究专辑Ⅳ》，文物出版社，2016 年版，第 1-14 页。

③ 参见李遐桢：《我国地役权法律制度研究》，中国政法大学出版社，2014 年版，第 235 页。

④ 参见王云霞、胡珊辰：《公私利益平衡：比较法视野下的文物所有权限制与补偿》，载《武汉大学学报（哲学社会科学版）》，2015 年第 6 期，收入《文物保护法研究专辑》编写组编：《文物保护法研究专辑Ⅳ》，文物出版社，2016 年版，第 1-14 页。

⑤ 参见侯宇：《行政法视野里的公物利用研究》，清华大学出版社，2012 年版，第 160 页。

⑥ 参见蔡立东、杨晔、刘国栋：《历史建筑保护的物权法进路》，载《山东社会科学》，2014 年第 3 期。

偏向于保护自然景观及乡村景观的保存地役权（Conservation easement）；另一类是偏向保护历史建筑和其他不可移动文物的保护地役权（Preservation easement）[①]。遗产保护地役权的基本操作模式是，有关政府机构或者非营利组织（受役主体）与不动产所有权人（供役主体）之间签订协议，要求供役人保持其土地或者房屋的某种自然或者历史状态，并授予受役主体对该不动产进行限制和监控的权利。有关公共地役权的合同包含非常广泛的内容，如供役人不得改变古建筑的外立面、结构，不得对古建筑进行拆除、改建，允许每年若干天向公众开放，还可能约定受役权人的优先购买权等。[②] 如同地役权的传统概念那样，地役权依附于供役地而存在，无论供役地的所有权人、使用人如何变动，该地役权协议具有永久法律效力。为了推动文化遗产保护，美国统一州法委员会还在 1981 年颁布了《统一保存地役法》，对地役权的设立、转让、期限以及诉讼等问题做出全面规定。

相对于大陆法系国家通行的公法管制，美国公共地役权对古建筑提供的保护全面而周到，只是这种保护较少利用政府的公权力强制，而是借助古建筑所有权人的认同和配合，通过自愿的协议来达到公共利益与私人利益的平衡。在美国，由于社会公益组织的发达以及民众文化遗产保护观念的普及，公共地役权的实践非常流行，成为保护文化遗产的地方性法律的有效补充。甚至有学者认为，公共地役权对于文物的保护作用超过了各类法律的强制性规定，公平自愿的协议精神最大程度地降低了古建筑业主的抵触行为，不再为自己的老房子是否被认定为历史建筑而争论不休，同时配合税收优惠，可以极大激发一般民众保护古建筑的热情，实际效果也更加良好。[③]

**（二）公共地役权模式是否适合我国**

长期以来，《中华人民共和国文物保护法》等法律规范过分注重公共利益而忽略古建筑所有权人合法权益的做法饱受诟病，不少学者看到美国法上公共地役权制度兼顾公私的巨大制度优势，总希望在我国也可与借助公共地役权来进行文物保护。[④] 但是，一个无法回避的事实是：公共地役权的推行依赖于文物保护观念的普及以及社会组织的发达，而我国在此方面与美国存在较大差异。在我国众多的传统村落，农民的最大梦想就是拆除古建筑、建造小洋楼，许多人在国家政策的高压之下甚至冒着坐牢的危险也要拆旧建新，在这种情况下，指望通过公共地役权协议去保护古建筑是不现实的。如果要签订地役权协议的话，就需要按照协议给农民补偿，问题是：怎么补偿？补偿多少？如果补偿一块新的宅基地、补偿一套房、补偿一堆钱，农民自然是欢呼雀跃，问题是哪里有那么多的土地和财产去补偿农民呢？所以，主张公共地役权模式的不少学者也认为，在我国设立公共地役权不能完全依赖于协商，不然无法解决古建筑所有权人拒签协议或者提出过高要价的问题，从而导致公共地役权无法设定，最好是融合公权与协商，通过听

① 参见沈海虹：《美国文化遗产保护领域中的地役权制度》，载《中外建筑》，2006 年第 2 期。

② 参见王云霞、胡珊辰：《公私利益平衡：比较法视野下的文物所有权限制与补偿》，载《武汉大学学报（哲学社会科学版）》2015 年第 6 期，收入《文物保护法研究专辑》编写组编：《文物保护法研究专辑Ⅳ》，文物出版社，2016 年版，第 1-14 页。

③ 参见沈海虹：《美国文化遗产保护领域中的地役权制度》，载《中外建筑》，2006 年第 2 期。

④ 参见张鹤：《地役权研究：在法定与意定之间》，中国政法大学出版社，2014 年版，第 256 页。

证等公众参与的方式来设定地役权。[①] 只是，借助公权力去设定地役权，已经偏离了地役权自愿设立的初衷，并非真正的地役权。

笔者认为，欧洲大陆的公共地役权与美国的公共地役权具有完全不同的内涵，不能混在一起讨论。欧洲大陆的公共地役权，其本质是行政役权，借助行政权力为古建筑所有权人设定公法负担，此种意义上的公共地役权与公物理论、特别牺牲理论乃至管制性征收理论是彼此相通的，没有特别的说明价值。笔者认为，不必借助欧洲大陆的公共地役权概念来解释、论证古建筑保护中的私权限制及其补偿问题。至于美国的公共地役权，本身属于民法上的地役权，其核心是私法自治，尽管具有公益属性，但其前提是尊重古建筑所有权人的自愿。在我国文物保护实践中，可以借助公共地役权协议的形式来更好地协调私人利益与公共目的，但此种方法只能慢慢摸索，而无法快速推行。当代中国，保护古建筑的主要模式依然是通过国家强制法律进行保护，只是要在保护古建筑的同时适当考虑古建筑所有权人的利益。

## 第二节　中国法上补偿古建筑所有权人的理论证明

### 一、法学理论角度的论证

古建筑保护中公共利益与私人利益之间的冲突在世界各国普遍存在，但不同国家的应对之道颇有不同。大致说来，欧美国家对权利受到限制的古建筑所有人进行补偿的模式可分为两种：一种是法国、德国等大陆法系国家，在通过行政权力对私人所有权进行限制的同时，借助公共地役权的概念或者公法上的特别牺牲理论对所有权人进行补偿；另外一种则是以美国为代表的少数国家，基于高度尊崇私人所有权的理念，直接通过自愿性质的地役权协议同时达到对所有权进行限制和补偿的目的。相对而言，美国的做法更加依赖发达的社会组织与良好的公民自觉，实践中操作难度很大；法国、德国强调一定程度上的权力强制，更容易达成古建筑保护的目的。无论是美国，还是法国、德国，都在限制私人建筑所有权行使的同时，对所有人进行了适当补偿，一定程度上实现了古建筑保护与私权保障之间的平衡。

在我国，《中华人民共和国文物保护法》《历史文化名城名镇名村保护条例》等相关法规确立了传统村落古建筑所有人负有的公法义务，但对私权限制的相应补偿则付之阙如。有鉴于此，学者纷纷撰文倡议政府对古建筑所有人进行补偿，其论证方法大致分为两类：（1）准征收及相应补偿模式。孙凌、王继远、张舜玺等人主张借鉴美国的准征收理论或者德国的特别牺牲理论来解决对古建筑所有人的补偿问题，认为国家严格限制古建筑使用已经构成对私人财产的“变相剥夺”，需要对古建筑所有权人进行补偿，并由政府承担古建筑维护修缮的主要费用。（2）公共地役权及相应费用模式。蔡立东、林旭霞等人主张通过公共地役权模式来解决古建筑保护中的权利限制与补偿问题，通过自愿的（个别情况下强制的）公共地役权协议来明确古建筑所有人对古建筑的保护与修缮义务，政府机构则通过支付地役权费用的方式对建筑物所有权人进行补偿。

---

① 参见蔡立东、杨晔、刘国栋：《历史建筑保护的物权法进路》，载《山东社会科学》，2014年第3期。

相比之下，公共地役权模式多少忽略了古建筑保护中国家强制的基调，而准征收模式在理论说明上更加融洽。笔者认为，欧美国家流行的有关古建筑保护中私权限制及其补偿的理论彼此之间通常可以并存，我们没有必要在众多理论中择一而执。很大程度上，这些不同理论可以相辅相成，共同论证说明保护古建筑的公共利益如何与私人利益达成平衡。

首先，公物理论中私有公物的概念准确界定了非国有不可移动文物的法律属性，在肯定古建筑属于私人所有的同时强调私有物上蕴含着公共利益，从而为法律限制私人建筑的权限提供了逻辑支撑。同时，私有公物的概念肯定古建筑的私权属性，国家在维护公共利益而限制私权时就不能不考虑对私权的补偿。

其次，特别牺牲理论重点论证了国家对私有建筑所有权人进行补偿的正当性与合理性。当法律秩序将私有建筑当作公物看待时，出于维护公共利益目的而施加的各种限制措施让古建筑的所有权人遭受不同于一般社会成员的损失，从而构成特别牺牲。保护古建筑的公共利益被整个国家、整个民族所共享；而保护古建筑的成本却由具体的某个古建筑所有权人承担了，其间权利义务的失衡要求国家必须对古建筑的所有权人进行补偿。

最后，准征收或者管制性征收理论既论证了国家对私有古建筑所有权人进行补偿的合理性，也比较充分地界定了国家对古建筑所有权人进行补偿的程度。相对于都市地区的古建筑，传统村落的古建筑本来有更大的改造利用空间，拆旧建新是《中华人民共和国民法典》赋予农民的基本权利，而《中华人民共和国文物保护法》等古建筑保护类法律却将这种权利剥夺了，由此将古建筑的私权行使压缩至非常狭小的空间，等同于征收，所以国家不但要对所有权人进行补偿，而且要进行大幅度补偿。

## 二、权利义务相平衡角度的论证

从某种意义上说，“文物”与“农民”几乎是风马牛不相及的两个词语，然而传统村落的古建筑保护却将两者连在了一起。当代中国，谁是距离文物最远的人群？当然是偏远山区的贫苦农民，他们大多数既没有欣赏文物所必需的文化修养和知识储备[①]，更因为忙于生计而没有欣赏文物的闲情逸致[②]。当代中国，谁是距离文物最近的人群？依然是偏远山区的贫苦农民，他们拥有古建筑的所有权，他们住在狭小破旧的老房子里，当参观者离去，游客散尽，他们还要在传承百年的古建筑中讨生活、过日子。

无须借助米歇尔·福柯的“文化权力”概念或者皮埃尔·布尔迪厄的“文化资本”理论，我们都能够理解当代中国农民（特别是偏远山区传统村落的底层农民）贫穷而弱小的状态。正是因为交通不便、资源贫乏、经济社会各方面发展缓慢，普通农民没有足够的财力拆除老房子建造新房屋，传统村落的古建筑才得以保留。而保护古建筑的法律政策又将贫苦农民束缚在狭小破旧的古建筑上，他们既无力修缮古建筑，又不能拆除古

① 多数农民物质上贫穷，精神上更加贫穷，他们没有机会接受良好的教育，没有条件学习历史文化，无法感受那些百年传承的古建筑中所包含的历史价值和文化价值。

② 在江西安义的罗田村，坐在古建筑门口带着孙女卖东西的老太太只想多卖一个烤鸡蛋。

建筑[①]，只能困守在已经不太适合人类居住的100多年的老房子里。此情此景，只能让人感叹："天地不仁，以万物为刍狗"。可是，我们大部分人并非"刍狗"，我们是传统村落古建筑的看客，我们是一群想要进一步传承历史文化、为子女后代保留文化遗产的人。而那些继承了传统村落古建筑的农民，那些法律上拥有古建筑所有权的农民，那些每天每夜生活在古建筑中的人，意识不到古建筑的价值，既不像文物保护专家那样珍惜古建筑的历史文化价值，也不像文物贩子、文物盗贼那样看重古建筑的非法交易的暴利。古建筑的所有权人，成了古建筑的陌生人，成为第三世界的"他者"，成为保护文物舆论里沉默的大多数。当政府、学者、古建筑爱好者讨论如何保护古建筑时，居住在古建筑里的农民天天琢磨着什么时候可以拆除古建筑建造小洋楼。

显然，在保护古建筑的公共利益与私人利益之间，出现了严重的错位。传统村落古建筑的所有权人感受不到古建筑的价值，享受不了保护古建筑的好处，只能忍受保护古建筑为其带来的压制、痛苦和折磨。如果我们的法律追求公平正义，讲究权利和义务的平衡，我们就必须尊重古建筑的所有权人，我们必须问一问：那些居住在传统村落的农民，他们在想什么？他们想要什么？在这种情况下，与古建筑所有权人进行充分的沟通，宣扬古建筑保护的意义，倾听古建筑所有权人的呼声，设法解决古建筑所有权人改善居住条件的法律障碍，就显得至关重要。只要我们真正关心古建筑，关心居住在古建筑中的农民，我们就必须对古建筑的所有权人进行补偿。

## 三、古建筑保护法制历史变迁角度的论证

《中华人民共和国文物保护法》制定于1982年，虽然以后历经修订，但《中华人民共和国文物保护法》在文物保护中所坚持的"政治集体主义"理念并无改变[②]。细读《中华人民共和国文物保护法》，其中隐含的关键词是"牺牲"。"为有牺牲多壮志，敢教日月换新天"，革命豪情可以激励我们不断投入文物保护的事业，焚膏油以继晷，燃烧自我照亮后人，以至于废寝忘食、舍生忘死。可是，文物保护的实践必然要面对许多现实问题，古建筑所有权人不能不考虑自己的衣食住行。40年过去了，神州大地已然发生巨大变化，当年的计划经济早已成为市场经济，每个人都在为碎银几两忙忙碌碌，发家致富成为一代中国人最真实的梦想。相形之下，《中华人民共和国文物保护法》只强调古建筑所有权的付出而忽略对古建筑所有权人的补偿，显得有些不接地气。

---

① 中国最大的国情就是中国太大，各地各人都不一样。当今农村，不少农民发家致富，住上了小洋楼，但依然有许多农民住着破烂的老房子。在不少地区，农村盖了新楼房但不拆旧房屋，形成一户多宅，居住条件好得不得了。但也有一些村落，基于种种原因，农民没有建造新房屋，只能守着一座百年老宅。笔者在北京市爨底下调研时得知，村里人大多在门头沟市区买房，村中四合院则用于农家乐和民宿，村里根本不知道什么叫居住空间太小。笔者走访无锡、杭州、南昌、郑州、西安的许多传统村落，也发现大多数农民都建起了楼房，作为古建筑的老房子只是闲置，不存在什么居住条件不好的问题。但是，到更加偏远的地区去，到中国广大的中西部山区去，哪怕走到浙江的松阳，走到北京的许多山区村落，就会发现很多传统村落的居住条件不尽如人意，法律禁止拆旧建新确实对农民造成了沉重的负担。

② 参见张舜玺、马作武：《公益与私益之间：论文物保护法的价值取向——以非国有不可移动文物保护为例》，《法学评论》，2013年第5期。

当今社会存在的客观现实是：农民根本没有钱财修缮、维护传统村落的古建筑，农民想的只是拆掉古建筑建造新房屋。《中华人民共和国文物保护法》等相关法律必须考虑，如何在这样的时代背景下与现实国情下保护文物。如果不考虑古建筑所有权人的利益，不解决古建筑修缮的费用问题，不解决农村改善居住条件的现实需要问题，古建筑与人之间的矛盾冲突就会愈演愈烈，毁坏、拆除古建筑的行为就永远禁止不了，面对农民拆旧建新的违法行为，连刑法也只能感叹“于法不容、于情不忍”。

所以，古建筑保护类法律必须转变观念，好好考虑如何平衡古建筑保护中的公共利益与私人权益，在限制古建筑所有权人权益的同时也要探索如何对古建筑所有权人进行补偿。

## 第三节　中国法上补偿古建筑所有权人的制度建构

### 一、补偿古建筑所有权人的制度构想

我国行政法中并无完整的征收补偿制度，行政法学界也一直在探讨财产权限制的补偿条件、补偿标准与补偿方式等。[①] 本书前文论证了补偿古建筑所有权人的正当性，以下再分析补偿古建筑所有权人的规则设计。

#### （一）补偿主体

根据“谁受益、谁补偿”的原则，保护古建筑的目的是国家民族的历史文化传承，受益者乃是全体社会公众，所以应当由社会公众的代表——国家给予补偿。[②] 考虑到不同文物的级别以及各地政府管理的现实，针对不同古建筑的补偿应当由不同级别的政府部门——中央政府以及各级省、自治区、直辖市、县政府负责。[③] 鉴于各地经济发展水平以及政府财力的差异，补偿义务主体不能完全由各级市、县政府担当，一定程度的中央财产支持以及省内财政转移支付也是必不可少的。

#### （二）补偿对象

《中华人民共和国文物保护法》等文物保护类法律对古建筑所有权人施加了各种限制，古建筑所有权人不能毁坏、拆掉古建筑，反而有义务维护、修缮古建筑。同时，为了保障文化遗产的完整性，古建筑周边其他建筑的所有权人改建、扩建房屋也受到一定的限制，需要保持历史风貌的协调，甚至完全不得改建、扩建。[④] 故，因为古建筑保护受到限制的不仅仅是古建筑的所有权人，为保护古建筑做出特别牺牲的人，既包括古建筑的所有权人，也包括古建筑周边建筑的所有权人。根据权利限制的补偿理论，应当对古建筑所有权人以及相关权利人都给予补偿，只是补偿范围各有不同。

---

① 参见杜仪方：《财产权限制的行政补偿判断标准》，载《法学家》，2016 年第 2 期。

② 参见王云霞、胡姗辰：《公私利益平衡：比较法视野下的文物所有权限制与补偿》，载《武汉大学学报（哲学社会科学版）》，2015 年第 6 期。

③ 参见张国超：《我国私人不可移动文物所有权限制及补偿研究》，载《东南文化》，2018 年第 4 期。

④ 参见梁岩妍、王小芳：《比较法视野下的文化遗产私人财产权法律保障模式研究》，载《石家庄铁道大学学报（社会科学版）》，2019 年第 2 期。

**（三）补偿原则**

1. 平等对待原则

古建筑保护以及相应的补偿，必须确立公平无差别的补偿理念，公平对待不同所有人的古建筑。《中华人民共和国文物保护法》第 21 条规定，对于无力修缮古建筑的所有权人，政府应当给予帮助。该条规定指向的是文物修缮，虽然有助于缓解古建筑所有权人修缮文物的资金压力，但并未明确提出对古建筑所有权人进行补偿。而且，该条设定的政府帮助的前提条件是所有权人无力修缮，从而造成不同所有权人在能否获得政府帮助上遭遇不平等对待。[①] 从现实操作来看，如何判断古建筑的所有权人是否具有修缮能力，也存在较大的弹性，容易发生主观擅断。[②]《中华人民共和国文物保护法》第 21 条规定，只是考虑了政府操作的方便，没有太多关注法律规范是否符合公平正义。从比较法经验来看，是否给予补偿以及给予多少补偿，应当根据古建筑所有权人受到限制的程度确定，而不是根据古建筑所有权人是否具有修缮能力确定。令人欣慰的是，《中华人民共和国文物保护法》之外的其他古建筑保护类法律规范，包括《历史文化名城名镇名村保护条例》以及保护传统村落的地方性法规都没有将无力修缮作为政府补助的前提条件，而是公平对待不同的古建筑所有权人。未来《中华人民共和国文物保护法》修改时，建议立法机关可以考虑对第 21 条进行调整、完善。

2. 适当补偿原则

有关征收补偿的原则，可以考虑"完全补偿"原则与"适当补偿"原则。针对市场化的征收行为，比如政府征收土地而后通过"招拍挂"出让建设用地使用权，政府应当给予相关权利人完全的、充分的补偿。但对于古建筑保护来说，政府限制古建筑所有权人的处分自由，是为了社会公共利益，政府也没有足够的财力对古建筑所有权人给予完全的补偿。所以，在文物所有权受到一般限制的情况下，多数国家都确立了"适当补偿"的原则。[③] 考虑到我国国情，古建筑保护中的私权补偿还是应当坚持"适当补偿"原则，既要考虑古建筑财产权特殊牺牲的程度，又要兼顾公共利益的维护。[④]

**（四）补偿范围**

古建筑保护中，古建筑所有权人受到限制的情形不同，相应的补偿事由也有不同。结合我国法律规定，并借鉴比较法经验，古建筑保护的补偿事由主要有以下三个方面[⑤]：

1. 古建筑所有权人所有权剥夺之补偿

无论是文物建筑、历史建筑，还是传统风貌建筑，传统村落古建筑所有权人的基

---

① 参见王云霞、胡珊辰：《公私利益平衡：比较法视野下的文物所有权限制与补偿》，载《武汉大学学报（哲学社会科学版）》，2015 年第 6 期。

② 参见胡大伟：《准征收视域下私人不可移动文物财产权的公法限制与补偿》，载《常州大学学报（社会科学版）》，2018 年第 5 期。

③ 参见王云霞、胡珊辰：《公私利益平衡：比较法视野下的文物所有权限制与补偿》，载《武汉大学学报（哲学社会科学版）》，2015 年第 6 期。

④ 参见胡大伟：《准征收视域下私人不可移动文物财产权的公法限制与补偿》，载《常州大学学报（社会科学版）》，2018 年第 5 期。

⑤ 参见王云霞、胡珊辰：《公私利益平衡：比较法视野下的文物所有权限制与补偿》，载《武汉大学学报（哲学社会科学版）》，2015 年第 6 期。

本义务都是不得毁损、拆除古建筑，也就是不能拆旧建新。对于历史建筑和传统风貌建筑而言，尽管可以进行一定程度的内部改造与外部装修调整，但古建筑的基本结构不能动，所有权人无法将古建筑改造成小洋楼，从而不能充分利用一般农民都享有的宅基地使用权。因为无法拆旧建新，古建筑所有权人利用宅基地使用权的最基本权能被掏空，达到所有权被剥夺的程度，故而需要对古建筑所有权人进行金钱补偿或者进行房产置换。

2. 古建筑所有权人维护修缮义务之补偿

根据《中华人民共和国文物保护法》《历史文化名城名镇名村保护条例》以及保护传统村落的地方性法规，传统村落古建筑的所有权人负有对古建筑进行维护、修缮的义务，鉴于古建筑修缮的专业性与复杂性，古建筑的维护与修缮费用高昂，修缮古建筑成为普通农民无力背负的沉重负担。所以，政府部门必须对古建筑所有权人的维护修缮义务进行充分补偿，即对所有权人的修缮提供支援、帮助与奖励。理论上，可以将古建筑的修缮划分为两个层次，维护一般建筑安全所必须的修缮行为由所有权人自己承担相关费用，超越普通建筑的维护需要而专门为保护古建筑所必须的维护修缮则应当由政府部门承担相关费用。只是，实际操作中要想在古建筑修缮的两层内涵之间划定一条适当的界线从而确定比较合理的政府补偿份额，并非易事，只能大致估算。

3. 古建筑周边建筑所有权人事实处分限制之补偿

为了保护古建筑的周边环境，古建筑周边建筑的所有权人改建、扩建房屋的权利也会受到限制，应当根据受到限制的不同程度确定相应的补偿标准。比如文物保护单位保护范围内的其他建筑不得改建、扩建，等于是建设活动被冻结，古建筑周边建筑的所有权人应当得到所有权剥夺的补偿。距离古建筑较远的周边建筑的所有权人，其建造房屋的自由空间比较大，只是需要保持传统历史风貌的协调，相应地，只需给予一定的补偿即可。

**（五）补偿方式**

根据古建筑保护的特点，对古建筑的所有权人进行补偿的方式包括：货币补偿、产权置换、委托代管、贷款援助、税收优惠或者经营许可等。

1. 货币补偿

货币补偿是比较常见、比较通用的补偿方法。但是考虑到各地政府财力有限，也不可能给予古建筑所有权人太多的货币补偿。许多时候，货币补偿体现为对古建筑所有权人修缮房屋的帮助、补贴或者奖励。不少地方在货币补偿的操作中，文物建筑修缮费用的30%、40%甚至更高比例，可以由政府部门负担，灵活运用的话，有利于激发民间修缮、保护文物的热情。当然，对于一些贫困山区的古建筑，很有可能全部的修缮费用都要由政府承担。

2. 产权置换

对于居住在破旧古建筑中的农民来说，产权置换可以从根本上解决农民的住房需要，消除农民拆旧建新的原动力，从根本上保全古建筑。[①] 从政府财力以及农村居住习

① 参见周颖：《私有不可移动文物保护的补偿问题研究》，载《惠州学院学报（社会科学版）》，2018年第2期。

惯来说，由国家给古建筑的所有权人安排都市房屋也不太现实，比较可行的做法依然是由村集体经济组织给古建筑的所有权人划拨新的宅基地，并协助其建造新房。一些地方性法规对此有明确规定，例如《湖北省实施〈中华人民共和国文物保护法〉办法》第11条第2款规定："县级以上人民政府根据文物保护的需要，并与非国有不可移动文物的所有人协商，可以置换或者征购其所有的不可移动文物"。比较法上，此种模式也被称为土地发展权（开发权）的转移。[①]

3. 委托代管

在政府对文物修缮承担大部分乃至全部费用的场合，或者在政府已经对农民进行宅基地置换的场合，继续由古建筑所有权人完全控制古建筑可能已经不太合适，实践中不少地方政府与所有权人协商进行古建筑的托管或者古建筑由村集体享有所有权，从而方便对古建筑进行修缮、维护和再利用。在此种模式下，所有权人仅需承担必要的一般保护责任，我国已有部分地区采用此种补偿方式，如厦门、珠海等地。[②]

4. 贷款援助

贷款援助是一种常用的间接补偿方式。与直接的货币补偿相比，贷款援助可以缓解政府的资金压力，有利于政府补偿的普及与持续。从国际经验来看，运用贷款援助最为成功的是丹麦。丹麦政府的贷款援助只提供给保护状况良好的私人历史建筑，用于修缮屋顶、室内外的门窗等，由此达到比较良好的历史建筑保护效果。[③] 我国国内也有不少地方通过贷款援助方式补偿古建筑的所有权人，《苏州市古村落保护条例》《台州市传统村落保护和利用条例》等地方性法规都规定了贴息贷款的补偿方式。

5. 税收优惠

税收优惠是文物保护领域比较常见的一种措施，在欧美各国都很流行。[④] 我国从中央政策到地方立法，都在鼓励传统村落的古建筑进行适当的开发利用，比如旅游、民宿、农家乐等，如果配合税收优惠，可以给农民带来更多好处，也有利于古建筑的保护。

6. 经营许可

此外，法律政策上允许古建筑对外经营，收取门票，也可以被认为是一种暗含的补偿措施。[⑤] 经营许可有利于引入社会资本，借助经济吸引更多的社会力量参与古建筑保护的事业，以利用促保护，通过多方参与实现古建筑的合理开发利用。目前，我国许多地方性立法中都在强调通过吸引社会资本参与经营来强化对古建筑的保护，例如《台州市传统村落保护和利用条例》第30条第2款规定："鼓励单位和个人依法通过捐赠、投资、入股、租赁以及设立基金等方式，参与传统村落保护和利用。"

---

① 参见沈海虹：《文化遗产保护领域中的发展权转移》，载《中外建筑》，2006年第2期。

② 参见周颖：《私有不可移动文物保护的补偿问题研究》，载《惠州学院学报（社会科学版）》，2018年第2期。

③ 参见梁岩妍、王小芳：《比较法视野下的文化遗产私人财产权法律保障模式研究》，载《石家庄铁道大学学报（社会科学版）》，2019年第2期。

④ 参见王云霞、胡珊辰：《公私利益平衡：比较法视野下的文物所有权限制与补偿》，载《武汉大学学报（哲学社会科学版）》，2015年第6期。

⑤ 参见胡大伟：《准征收视域下私人不可移动文物财产权的公法限制与补偿》，载《常州大学学报（社会科学版）》，2018年第5期。

## 二、补偿古建筑所有权人的立法模式

因为历史局限，《中华人民共和国文物保护法》秉持义务本位[①]，立法取向具有“重限制、轻补偿”的特点[②]，只规定了文物保护对古建筑所有权人的限制，而没有规定对古建筑所有权人的补偿。《中华人民共和国文物保护法》第 21 条规定，对于无力修缮古建筑的所有权人，政府应当给予帮助。该条规定指向的是文物修缮，对于缺乏财力的所有权人具有一定的补偿效果，但其初衷并非对古建筑的所有权人进行补偿。与此相类似，《历史文化名城名镇名村保护条例》以及各地保护传统村落的地方性法规都没有明确规定对古建筑所有权人的补偿。不过，在我国文物保护实践中，一些地方政府对于古建筑所有权人的合法权益给予了更多考虑，对于古建筑所有权人给予补助或者奖励（适用于所有的古建筑所有权人），同时合理考虑农民改善居住条件的合法需求，采取宅基地置换等措施，解决农民的住房问题。这些做法具有更多的补偿意味，值得充分肯定。只是，《中华人民共和国文物保护法》作为古建筑保护领域的根本大法，应当在法律层面上确立对限制私权进行补偿的理念与指导方针，方便各地具体探索古建筑的补偿方法。

从法律设计的角度来说，《中华人民共和国文物保护法》在坚守“保护为主”的同时，应当挖掘“合理利用”的价值[③]，适度放宽对文物利用的管制，在不损害文物原真性的前提下，允许对文物进行各种形式的商业利用，通过利用实现文物文化价值与经济价值的平衡，兼顾保护文物的公共利益与增加所有权人收益的私人利益。具体操作上，《中华人民共和国文物保护法》应当设置文物保护补偿的专章来规定文物补偿的补偿主体、补偿对象、补偿范围、补偿标准和补偿方式等[④]。考虑到我国幅员辽阔，各地情况非常复杂，《中华人民共和国文物保护法》等法律不需要对古建筑保护中对私权进行补偿的具体方式规定太细致，以免影响各地的灵活探索。

与《中华人民共和国文物保护法》的修订相应，《历史文化名城名镇名村保护条例》以及各地的传统村落保护条例也应当明确对古建筑所有权人的补偿。将来制定全国性的有关传统村落保护的法律或者行政法规，比如国务院的“传统村落保护条例”时，也需要明确规定对古建筑所有权人的补偿问题。

---

① 参见梁岩妍：《论我国文化遗产私有财产权保障：案例反思与立法完善》，载《河北法学》，2019 年第 6 期。

② 参见张国超：《我国私人不可移动文物所有权限制及补偿研究》，载《东南文化》，2018 年第 4 期。

③ 参见张舜玺：《规范文物合理利用应增设指引性规则》，载《法学》，2016 年第 5 期。

④ 参见张国超：《我国私人不可移动文物所有权限制及补偿研究》，载《东南文化》，2018 年第 4 期。

# 第四章

# 补偿古建筑所有权人的实践探索

## 第一节　政府对古建筑所有权人的直接补偿

传统村落古建筑保护中公共利益与私人利益之间的复杂关系，决定了补偿方式的多样性。一方面，保护古建筑的公共利益形成古建筑所有权人特别的公法负担，要求政府对古建筑所有权人进行直接补偿；另一方面，古建筑保护有时也会给古建筑的所有权人带来好处，法律允许古建筑的所有权进行转让或者出租，允许古建筑所有权人对古建筑进行开发经营，并进行税收减免，也是对古建筑所有权人的补偿，可以称之为间接补偿。

考虑到古建筑开发利用的难度，相当长一段时期内，古建筑所有权人的私人权益与公共利益之间还是存在激烈的冲突，法律上首先需要化解两者的冲突，着手对古建筑所有权人进行补偿。

### 一、古建筑修缮的补偿

#### （一）有关古建筑修缮补偿的相关规定

《中华人民共和国文物保护法》第 21 条第 1 款规定："国有不可移动文物由使用人负责修缮、保养；非国有不可移动文物由所有人负责修缮、保养。非国有不可移动文物有损毁危险，所有人不具备修缮能力的，当地人民政府应当给予帮助；所有人具备修缮能力而拒不依法履行修缮义务的，县级以上人民政府可以给予抢救修缮，所需费用由所有人负担。"

《历史文化名城名镇名村保护条例》第 33 条第 2 款、第 3 款规定："县级以上地方人民政府可以从保护资金中对历史建筑的维护和修缮给予补助。历史建筑有损毁危险，所有权人不具备维护和修缮能力的，当地人民政府应当采取措施进行保护。"

相对于《中华人民共和国文物保护法》《历史文化名城名镇名村保护条例》对古建筑修缮的规定更加有利于古建筑所有权人：(1) 无论所有权人有没有足够的财力修缮古建筑，政府都要对古建筑的修缮和维护给予补助。(2) 在所有权人没有财力修缮古建筑时，政府负有公法义务修缮维护私人的古建筑。这些规定充分体现了私有古建筑的公物属性，国家基于维护公共利益的需要，对私人所有的古建筑进行修缮。

各地有关传统村落保护的地方性法规中，也都有关于传统村落古建筑修缮的补偿规定。例如，《四川省传统村落保护条例》第 24 条第 2 款规定："所有权人或者使用权人自筹资金进行维护修缮的，县级人民政府可以根据申请给予适当的资金补助。"《苏州市古村落保护条例》第 22 条规定："古建筑保护管理责任人自筹资金修缮古建筑的，市、县级市（区）人民政府应当参照市区古建筑抢修贷款贴息和奖励办法给予贷款贴息、奖励，或者按照文物维修和保护专项经费使用管理办法的规定给予补助。”《金华市传统村落保护条例》第25条第3款规定：“所有权人、使用权人或者村民委员会自筹资金修缮传统建筑且不改变传统风貌的，县（市、区）人民政府可以给予财政补助或者奖励。”《台州市传统村落保护和利用条例》第19条规定：“传统建筑的维护修缮，由所有权人负责，所有权人与使用权人另有约定的除外；没有所有权人的，由村民委员会负责。县（市、区）人民政府可以制定具体办法对维护修缮给予财政补助、贷款贴息、奖励。传统建筑有灭失危险，所有权人、使用权人或者村民委员会不具备维护修缮能力的，县（市、区）人民政府应当及时组织维护修缮。”这些规定针对传统村落中的传统建筑（非文物建筑或者历史建筑）设定了类似于文物建筑、历史建筑的保护标准，或者给予主动修缮者各种补助、奖励或者贷款贴息，或者对于所有权人无力修缮的古建筑，由政府出面进行修缮。

至此，在法律层面，我国传统村落中的各类古建筑，包括文物建筑、历史建筑以及一般传统建筑，都可以得到各级政府的修缮支持，该修缮支持也属于国家对古建筑所有权人的一种补偿。

不过，无论是《中华人民共和国文物保护法》《历史文化名城名镇名村保护条例》，还是各地有关传统村落保护的地方性法规（苏州除外），其对古建筑所有权人的补偿规定都比较原则、笼统，没有明确的补偿标准、补偿比例及补偿金的具体申请办法、使用管理等。很大程度上，对传统村落古建筑的修缮进行补偿，是地方政府的一种努力方向，最终能对多少古建筑的修缮进行补偿、补偿多少比例，都没有办法通过刚性的规定予以明确，只能给一个大概的承诺。这也说明在目前的财政安排下，获得修缮补助或者奖励（算是一种补偿）并非古建筑所有权人确定的权利，只能单方面等待政府适当地给予补偿。

正是在这种政府补偿标准模糊的全国性背景下，苏州市的古建筑修缮补偿才显得与众不同。早在2004年，苏州市就通过了《苏州市区古建筑抢修贷款贴息和奖励办法》，其中明确规定“对古建筑保护管理责任人维修古建筑给予奖励的最高标准为工程维修总额的10%”，并有具体的奖励金额计算公式。此处10%的奖励标准确实比较低，许多地方的实际补助标准可能更高一些。

另外一个需要注意的问题是，不同古建筑受到限制的程度不同，其补偿标准也应当有所区别。各类古建筑中，文物建筑受到的限制最多，连内部改造都不允许，几乎被剥夺了开发利用的空间；文物建筑的修缮费用相对更加高昂，而修缮的政府管制流程也最为严格。就此而言，应当给文物建筑更多的补偿。从社会现实来说，文物建筑中被列为文物保护单位的古建筑，其维修经费通常更有保障（虽然也很艰难），也算是给予了更多的补偿；但文物建筑中的未定级文物（文物保护点），很难得到足够的关注与支持，其可能获得的补偿与其所有权受到的严格限制完全不成比例，这也是现实生活中文物保护点的所有权人热衷于申请撤销文物帽子的原因。从规范立法的角度来说，未来的古建筑保护类法律应当针对不同的古建筑设定不同的补偿标准，尤其是要关注文物保护点的补偿问题。

### （二）古建筑修缮补偿的实践做法

传统村落的修缮、维护需要巨额的资金投入，需要整合财政资金、农民自有资金以及各方面的志愿力量、投资力量来共同保护传统村落，保护古建筑。

自 2012 年以来，财政部每年拨专款用于全国各地传统村落的民生改善与古建筑保护，每年都会公布数百个列入中央财政支持的传统村落名单，每个村落给予 300 万元的资金补助[①]。2020 年，财政部为了支持传统村落集中的地区进行连片保护，对各个示范地区给予 1.5 亿元的定额补助[②]。就传统村落建设与古建筑保护的现实需要来说，中央财政的这些资金支持是远远不够的，甚至可以说是杯水车薪[③]。不过，中央财政支持如果重点用于传统村落中最重要的文物建筑的修缮维护的话，还是能够发挥相当的作用。至于一般的传统建筑，可能无法等到中央财政的保护资金。

除了中央的巨额财政支持外，一些省市也纷纷筹措资金专项用于传统村落的建设和古建筑的保护。如广州市[④]、郑州市[⑤]等地，每年都有数千万元的资金用于传统村落保护，多少能够起到一定的作用。在文物保护的先进地区——苏州市吴中区，区政府针对村民个人文物维修行为设立每年 300 万元的奖励资金，2006 年以来累计拨付 2100 万元，共补助 20 余个维修项目。政府还专门出台《不可移动文物维修审批操作指南》，承诺 20 个工作日的办理期限，在加强技术服务的同时压缩行政审批流程，便捷村民维修项目申报，减少村民个人文物建筑维修的时间成本[⑥]。

不过，各地传统村落建设与古建筑保护需要的资金数额巨大，单靠政府资金是远远不够的，很大程度上还得发挥社会的力量。许多保护传统村落的地方性法规中都强调要吸引社会资本来保护和利用传统村落的古建筑。比如，《苏州市古村落保护条例》第 20 条第 3 款规定："鼓励其他单位和个人采用出资、捐资、捐赠、设立基金或者租用古建筑等方式参与古村落保护和利用。"《江西省传统村落保护条例》第 10 条规定："县级以上人民政府可以采取以奖代补、民办公助、风险补助等措施，引导社会资本投入传统村落保护。鼓励自然人、法人和其他组织以捐赠、认领、租赁、投资、提供技术服务等方式，参与传统村落保护。"社会资金投入，一靠慈善，二靠投资，必须创造良好的机制，才能引来社会资本。

---

① 参见新华社 2014 年 10 月 28 日报道《中央财政计划 3 年提供 114 亿补助资金支持村落保护》，http：//www.gov.cn/xinwen/2014-10/28/content_2771753.htm，最后访问日期：2020 年 12 月 24 日。

② 参见财政部《关于组织申报 2020 年传统村落集中连片保护利用示范市的通知》，http：//jjs.mof.gov.cn/tongzhigonggao/202005/t20200527_3521058.htm，最后访问日期：2020 年 12 月 24 日。

③ 参见新华社 2014 年 10 月 31 日报道《传统村落保护面临四大难题：看上去很美做起来很难》，http：//www.wenming.cn/xj_pd/ssrd/201410/t20141031_2266413.shtml，最后访问日期：2020 年 12 月 24 日。

④ 参见《中国旅游报》2016 年 3 月 31 日报道《广州：47 个传统村落变身"美丽乡村"》，广州市自 2013 年至 2016 年先后投入 55 亿元用于建设美丽乡村，其中包括不少传统村落的建设投入。http：//m.dzwww.com/d/news/14079114.html，最后访问日期：2020 年 12 月 24 日。

⑤ 参见《东方今报》2020 年 8 月 5 日报道《郑州发文加强传统村落保护 4000 万元补助资金修复村内风貌》，http：//henan.sina.com.cn/news/2020-08-05/detail-iivhvpwx9398567.shtml? from=henan_tttj，最后访问日期：2020 年 12 月 24 日。

⑥ 参见苏州市文物局 2018 年 11 月 28 日的总结：《苏州古村落保护利用的实践与探索》，https：//www.sohu.com/a/278373932_488195，最后访问日期：2020 年 12 月 24 日。

## 二、古建筑的产权置换

### （一）有关古建筑产权置换的相关规定

相对于古建筑修缮的补偿，古建筑的产权置换是传统村落古建筑独有的补偿方式，可以从根本上化解农民古建筑被拆毁重建的危机。

《苏州市古村落保护条例》第 23 条第 2 款规定："政府可以通过货币补偿或者产权置换的方式收购古村落内的古建筑、房屋的产权。古建筑、房屋原住户符合宅基地安置条件的，各地根据实际，可以安排宅基地建房。"该条规定的思路是近几年非常流行的宅基地置换[①]，由政府通过货币补偿或者产权置换的方式获得古建筑的所有权。其中所说的"符合宅基地安置条件"，不知道如何把握，如果政府通过货币补偿或者城镇房屋获取了农民的古建筑所有权，相关农民可能不符合宅基地安置条件。如果政府是与村集体经济组织合作，通过由村集体向古建筑的所有权人重新分配宅基地来换取古建筑的所有权，相关农民自然符合宅基地的安置条件。

《金华市传统村落保护条例》第 19 条规定："市、县（市、区）人民政府应当统筹安排建设用地指标，优先保障因传统村落保护发展规划实施的建设需要。传统村落村民经批准易地建造住宅的，应当与村民委员会或者农村集体经济组织依法就原宅基地上的传统建筑处置达成协议。原宅基地上的传统建筑按照处置协议收归村民委员会或者农村集体经济组织所有，且不用于村民日常居住的，原宅基地占地面积不计入村庄规划的村民住宅用地。"本条规定是切实可行的政策。首先由政府为村庄的村民住宅用地指标开绿灯，传统古建筑所占宅基地面积不计入村庄的村民住宅用地；其次由村集体为古建筑的所有权人易地建房提供，重新批给宅基地；最后由村集体与农民协商解决古建筑的归属问题，通常由村集体将古建筑的所有权收归村集体所有，这样便利以后对古建筑的修缮和保护。

《台州市传统村落保护和利用条例》第 23 条规定与《金华市传统村落保护条例》类似："市、县（市、区）人民政府应当统筹安排建设用地指标，优先保障传统村落保护发展规划实施建设需要。传统村落村民易地建造住宅，原宅基地上的传统建筑按照处置协议收归村民委员会或者农村集体经济组织所有，且不用于居住的，其占地面积不计入村庄规划的村民住宅用地。"第 22 条规定："传统村落村民经批准易地建造住宅的，应当与村民委员会或者农村集体经济组织依法就原宅基地上的传统建筑处置达成协议。"

《四川省传统村落保护条例》第 32 条规定："市（州）、县（市、区）人民政府应当统筹安排建设用地，保障传统村落保护发展规划实施需要。编制传统村落保护发展规划，可以预留允许建设区。传统村落保护范围内，村民的房屋确需保护不能进行改建、扩建的，可以在规划的允许建设区依法申请宅基地。少数民族自治州（县）可以按照土地管理法律法规相关规定放宽宅基地面积。"第 33 条第 2 款规定："传统村落村民经批准异地建造住宅的，应当与村民委员会或者农村集体经济组织依法就原宅基地上的传统建筑处置达成协议。"《四川省传统村落保护条例》的一个亮点是在编制传统村落保护规划时预留"允许建

---

① 关于宅基地置换，参见喻文莉：《宅基地置换补偿的现实图景与制度回应——基于地方规范性文件的分析》，载《南京农业大学学报（社会科学版）》，2019 年第 6 期。

设区”，针对无法在传统村落保护范围内改建、扩建房屋的情形（包括古建筑所有权人、古建筑周围受影响建筑的所有权人），允许农民在村庄允许建设区申请宅基地。该规定对应了实践中很多传统村落划分老村/新村分别进行保护和规划的做法，具有相当的合理性。

**（二）有关古建筑产权置换的实践做法**

关于传统村落的古建筑房产置换，各地都在探索不同的做法。大致说来，有两种模式：一种是个别古建筑的所有权人进行产权置换；另一种是整个传统村落进行产权置换。

1. 个别古建筑置换

相对来说，个别古建筑所有权人的产权置换更加流行，这种产权置换模式对整个村落的利益格局影响更小，更容易操作一些。客观地说，经过改革开放 40 多年的高速发展，绝大多数村落（包括传统村落）的面貌已经发生了巨大变化，大部分村民通过拆旧建新或者在新的宅基地建造楼房乃至于在城镇购房，已经极大地改善了生活条件，真正需要拆旧建新从而需要宅基地置换的农户已经不算太多，利用村边空地或者占用少许耕地，大致能够解决古建筑所有权人的居住安置问题。传统村落保护走在全国前列的浙江省早在 2016 年就发布《浙江省人民政府办公厅关于加强传统村落保护发展的指导意见》，其中明确规定：“省国土资源厅每年单列下达的农民建房专项新增建设用地计划指标，各地要重点保障传统村落中无房户、危房户、住房困难户等农户易地搬迁建房用地需求，切实防止因农户拆旧建新破坏整体风貌；在利用山坡地且不占用耕地的情况下，可适当放宽宅基地和人均建设用地控制指标。”实际操作中，不少传统村落采取了老村—新村分别规划发展的策略：老村作为传统村落保护核心区，以保护传统村落格局与古建筑、传承传统文化习俗为重心；新村则以建设新农村、改善农民居住条件为重心，类似于欧洲国家流行的老城区—新城区不同定位的策略。

位于杭州萧山的东山村金坞采取了老村—新村的规划安排（图 4-1 至图 4-4），古建筑的所有权人将其位于老村的古建筑交给村集体，村集体为其安排新村的宅基地用于建造楼房。

图 4-1　杭州萧山东山村金坞老村的告示牌

图 4-2　杭州萧山东山村金坞老村的标志性建筑

图 4-3　杭州萧山东山村金坞老村的旧宅

图 4-4　杭州萧山东山村金坞新村的新房（建造中）

当然，并非所有的古建筑都面临着房屋与住户的巨大矛盾以至于非要拆旧建新，一些古建筑长期空置，一些古建筑由老年人居住，这些古建筑只要修缮得当，保存完好，就可以继续居住使用，没有必要进行房屋置换。江苏无锡严家桥，为我们提供了鲜活的例子（图 4-5 至图 4-13）。

图 4-5　江苏无锡严家桥老房子：村中议事厅

图 4-6　江苏无锡严家桥：村中议事厅兼做理发馆

图 4-7　江苏无锡严家桥：独居老人的老房子

图 4-8　江苏无锡严家桥：对外出租的老房子

图 4-9　江苏无锡严家桥：较有人气的老街

图 4-10　江苏无锡严家桥：李树勋先生的祖宅

图 4-11　江苏无锡严家桥：李树勋先生的祖宅

（祖宅多年闲置，村中亲属代管。感谢严家桥退休教师李老师安排参观）

图 4-12　江苏无锡严家桥：出租的程氏德润堂

图 4-13　江苏无锡严家桥：程氏德润堂（感谢回村访友的阿姨指点参观）

2. 整村置换

与个别古建筑所有权人进行房产置换不同，有些地方政府推动传统村落居民的整村置换。2013 年，浙江永嘉的屿北古村（属于楠溪江村落群）就开展了整村置换，永嘉县政府与上海世贸控股集团达成屿北古村项目整体开发协议，尝试古村居民整体置换到新区再进行保护开发的模式。其具体操作是屿北村村民通过产权流转，将产权统归于村集体，以村集体名义与企业合作开发，企业通过“新村换旧村”的途径，对屿北古村占地总面积 5.1 万平方米的古村整体置换到新区进行保护与利用，对划定 100 亩的新区安置房采取统一设计、统一建造、统一分配的方式重新建造一个唐宋风格的景观村落。[①]

类似的整村置换并不鲜见，著名的江西婺源篁岭古村早在 2009 年就完成了整村置换，当地政府通过运用小产权房办证试点和地质灾害村整村搬迁相关政策加以扶持，创造性地推动了篁岭村整体性转让和搬迁。开发公司在交通便捷的山下建设安置房和公寓，新建各种公共服务基础设施，将村民搬迁下山并给予村民 1∶1 房屋补偿，彻底改善了村民的生产生活条件。山上的古村则专门用于古建筑保护与旅游开发。值得一提的是，在篁岭古村整村开发已经变成全国著名旅游景区的 2014 年，篁岭古村入选第三批中国传统村落保护名录。[②]

整村搬迁进行旅游开发的是非功过，向来评说不一。从早期的乌镇、宏村到后来的篁岭古村、屿北古村，都伴随着各种各样的争议。整村进行产权置换的优势是简化产权关系，便于旅游公司对整个传统村落进行统一的规划、保护与旅游开发。[③] 整村搬迁的缺点当然是无法保留原住民在古村落中的生活状态，可能会让旅游村显得过于商业化。

为了强调活态传承，中央文件对于整村搬迁搞旅游开发的做法向来持否定立场。2016 年，住房城乡建设部办公厅等部门关于印发《中国传统村落警示和退出暂行规定（试行）》第 17 条第（二）项特别规定“整村撤并的或整体迁出原住民后搞旅游景区景点整体经营开发的”，相关的村子直接退出中国传统村落名录。如果照此标准，江西婺源的篁岭古村原本就不该被列入中国传统村落名录。[④] 幸运的是，这样的政策并未得到严格执行，从而使得古建筑保护与改善农民居住条件的目标得以兼顾。

笔者认为，追求活态保护、传承传统文化是值得肯定的，但是这样的目标只能因势利导，顺其自然。首先对于传统村落的保护与发展而言，最重要的当然是保护传统村落的古建筑，否则，全国上下忙于传统村落保护的工作就没有必要进行了；其次重要的是改善传统村落中古建筑所有权人的居住条件，尽可能通过宅基地置换或者其他方式解决

---

① 参见《光明日报》2017 年 4 月 25 日报道《探索“整村置换”古村落保护模式》，http：//www.xinhuanet.com/politics/2017-04/26/c_129572966.htm，最后访问日期：2020 年 12 月 24 日。

② 参见温葵珍：《文化遗产与旅游融合之“传统村落＋旅游”模式探索——以上饶市婺源县江湾镇篁岭村为例》，载《中国文物报》2020 年 8 月 14 日，第 7 版。http：//www.silkroads.org.cn/portal.php?mod＝view&aid＝34045，最后访问日期：2020 年 12 月 24 日。

③ 同样进行旅游开发的江西安义的罗田村，旅游公司与村委领导就特别羡慕篁岭古村可以进行整村搬迁，而罗田村限于村内古建筑复杂的产权关系，许多工作都难以开展，旅游开发的成效并不显著。参见《新法制报》2016 年 10 月 13 日报道《安义古村古宅保护修缮成难题》，https：//jxfzb.jxnews.com.cn/system/2016/10/13/015272231.shtml，最后访问日期：2020 年 12 月 24 日。

④ 篁岭古村的村民居住在原村落的山下，在原村落周边从事耕种，有时也在原村落（景区内）从事民俗表演或者工艺品制作，也算是部分参与传统村落的建设与发展。

农民现实的居住问题。至于说保留传统村落的人气与活力，只能尽力兼顾，通过创造更多的工作机会留住年轻人，通过丰富多样的社区活动与文化生活来吸引村民，实现传统村落的更新与复苏。尽管大规模的整村搬迁，为了旅游开发而整村搬迁，是不值得鼓励的，但在传统村落周边发展新村，实现老村与新村的功能互补，则是可以考虑的。

不过，整村搬迁中有一个需要特别注意的问题是集体决策中可能存在多数对于少数的压制。现实生活中，并非所有人都愿意搬离世代居住的传统村落，有些村民住着小洋楼不需要再改善居住条件了，有些村民可能愿意住在原来的古建筑里，对于这些不同的声音需要尊重，少数村民的合法权益不能被侵害。理想的做法是政府、村委会与旅游公司各方合作争取说服大部分村民，给有需要、有意愿的村民安排房产置换，不愿意搬离老村的村民可以在传统村落继续居住、生活，这也是中央文件与各地法规倡导的处理方式。问题是，在整村搬迁的大背景下，少数人可能被裹挟，其正当合理的要求得不到尊重，居住在老村的合法权益可能被有意无意地侵害。

另一个值得关注的问题是村集体的利益在整村置换中如何得到保障。村集体是当代中国农村的一种特殊存在，介于国家政府与农民个人之间，除了各种组织协调的工作之外，村集体也有自己独立的利益诉求。在不少传统村落，村集体拥有大量的财产权益，除了土地所有权，村集体拥有道路、桥梁、水塘、涵洞等各种村内公共工程的所有权，村集体还拥有祠堂、寺庙、村中私塾、各类牌坊等各种公共建筑的所有权，许多时候村集体通过个人的宅基地置换还获得了不少原本属于村民个人的古建筑所有权。一个必须面对的问题是：在整村置换中，村集体拥有的这些古建筑如何置换呢？考虑到农村房屋所有权流转所受到的各种限制，目前旅游开发的宅基地置换中，农民个人并没有将房屋卖给旅游公司，而是将原来的宅基地以及相应的古建筑协商归属村集体，村集体最终拥有传统村落内古建筑的所有权以及公共设施的所有权。旅游开发中，村集体作为村内古建筑等旅游资源唯一的所有权人，与旅游公司进行合作，通过投资入股或者合作分成等方式让渡古建筑的使用权和经营权，共同分享旅游开发的利益。村集体在旅游开发中并没有失去对村内古建筑与公共设施的所有权，所以对这些古建筑进行房产置换的必要性不是很大。至于村集体活动所需要的公共设施（如会议室、村民文化中心等），则可以在新村建设中进行安排。

## 第二节　所有权人对传统村落古建筑的开发利用

基于权利与义务相一致的理念，如果保护古建筑本身能给传统村落的农民带来极大的利益（尤其是经济利益），这种利益可以在很大程度上冲抵甚至超过保护古建筑给古建筑所有权人带来的损害，国家就有可能对古建筑的所有权人少一些补偿，甚至根本不用补偿。在我国目前的法律体制下，传统村落的古建筑所有人利用古建筑获得经济利益，比如转让或者出租古建筑，以古建筑从事经营活动或者旅游开发，还受到这样或那样的限制，国家为了鼓励古建筑的所有权人保护好古建筑，特别允许其对古建筑进行经济利用，为其盘活利用古建筑资源提供方便，很大程度上也是对古建筑所有权人的一种补偿。

## 一、古建筑的转让和出租

### （一）古建筑的转让

允许古建筑转让，对于古建筑的保护和利用具有重要意义。对于无力持有古建筑的出卖人而言，转让古建筑可以将其从修缮古建筑的沉重负担中解脱出来，并且获得一笔不菲的收入；对于古建筑的购买人而言，抛开文物贩子的情形不谈，真诚的购买者通常是有文化欣赏古建筑、有财力修缮古建筑、有条件利用古建筑的人，古建筑到了合适的买家手中，可以得到更好的保护和利用，两全其美。

不过，基于传统村落的古建筑属于农村房屋的属性，在我国农村房屋与宅基地流转制度没有根本变革的情况下，古建筑很难实现自由的流转。针对古建筑流转的特殊需要，也有学者（如安徽文史馆研究员方利山）建议，通过特别的立法或者修法允许传统村落的古建筑在不改变土地性质的情况下自由流转，以便吸收社会资本来保护古建筑。① 不过，单纯针对传统村落古建筑的流转修改法律，不太好操作。时隔多年，专家学者们的建议也没有被采纳的迹象。

2014 年，我国启动新一轮农村土地改革以来，许多地方开始松动农村房屋与农村宅基地的流转限制。特别是 2018 年宅基地“三权分置”改革在全国多个地区试点推行以后，各种有利于农村房屋流转的举措纷纷出炉，比如浙江义乌允许农民将农村宅基地流转给本市范围具有农村户籍的任何人，浙江德清允许在本县范围内流转农村房屋，四川泸县则大力推广合作建房。至少在这些试点区域内，传统村落的房屋作为农村房屋，是可以在具有农村户籍的不同人之间流转的。未来随着农村宅基地改革试点范围的扩大，应该会有越来越多的传统村落古建筑可以流转。

需要注意的是，目前全国范围内试点进行的宅基地“三权分置”改革，始终坚持中央文件禁止城镇居民购买农村房屋的原则，这对于保护古建筑毫无疑问是不利的。固然，在国内一些发达地区也存在不少富有的农民或者拥有农村户籍的老板、企业家，不过更多有财力、有意愿购买古建筑的人属于城镇居民。如果法律不能破除宅基地流转的户籍限制，许多古建筑的潜在买家就被挡在市场交易之外，本来亟须资金的古建筑保护领域无法获得更多的社会资本，显然会造成很大问题。所以，仅仅依靠目前的宅基地“三权分置”改革试点推行，依然无法解决古建筑流转的问题。未来也许真的需要通过特别立法（比如国务院的“传统村落保护条例”之类）来赋予传统村落古建筑自由流转的权利。

针对传统村落古建筑流转的困境，已经有一些地方立法进行了积极的尝试。最著名的规定依然是来自文物保护的排头兵——苏州。2014 年，《苏州市古村落保护条例》第 23 条第 1 款特别规定：“古村落内的古建筑、房屋的集体土地使用权可以通过保留集体建设用地性质的方式流转；或者将集体土地征收为国有后依法出让，土地出让收益专项用于古村落保护。”苏州市的规定大胆而新奇，其具体操作还有待进一步探讨。

首先，基于保护传统村落的公共利益需要，国家可以将传统村落所在的集体土地征

---

① 参见新华社 2014 年 10 月 31 日报道《传统村落保护面临四大难题：看上去很美做起来很难》，http://www.wenming.cn/xj_pd/ssrd/201410/t20141031_2266413.shtml，最后访问日期：2020 年 12 月 24 日。

收为国有，问题是土地征收时是否以及如何对传统村落的土地与农村房屋进行补偿？征收之后，在不改变传统村落的情况下，政府又能将传统村落所在的国有土地使用权出让给谁呢？如果政府不能从征收而后出让土地中获得高额的土地溢价，政府又拿什么补偿被征收的农民呢？又拿什么专项资金用于古村落保护呢？本书最初的设想是：为了实现传统村落古建筑的自由流转，不得已征收传统村落土地时，只是走一遍流程实现土地变性，政府不需要对农民进行征收补偿，农民也不需要因为使用国有土地而缴纳土地出让金，两项费用彼此抵销即可。不过，苏州市显然不是这种操作模式，苏州市应该是“真征收、真出让”，因为征收的土地中大部分是集体的农用地而不是村民居住用地，政府征收后可以对村庄原来的农用地另做工商业安排，这样就可以获得土地溢价，从而获得保护古村落的专项资金。[①] 至于征收过程中对农民本身的补偿依然可以与农民需要缴纳的土地出让金彼此抵销。

其次，在保留集体建设用地性质的前提下进行古建筑的流传，操作起来倒是更加省事，只是其中涉及的法律突破不少。我国目前的“三块地”改革中，集体经营性建设用地只占很小一部分，主要是过去乡镇企业遗留下来的农村建设用地，农民的宅基地原本不属于经营性建设用地，按照2019年新修订的《中华人民共和国土地管理法》，也是不允许流转的。而且，国家也没有将苏州市列为农村土地改革的试点，严格来讲，苏州市没有权力突破现行的国家法律框架自行设定宅基地流转的规则。不过，单就法律规定自身的合理性而言，《苏州市古村落保护条例》的做法是值得称道的，未来的改革方向应当是允许集体土地上的宅基地自由流转。

实际操作中，苏州市的宅基地流转，还有另外一种做法。有些古建筑的所有权人对古建老宅维修保护力不从心，同时考虑到自身住房条件改善的需求，对文物古建的保护不甚积极。针对此类情况，苏州市通过政府征收、产权置换、土地使用流转等方式，将村民安置到基础设施比较完善的镇区，满足村民自建房屋的利益诉求。同时，将村民原有的古建老宅征收归国有，通过政府统一出资或者古建筑上市的方式寻找古建老宅的新主人，实现古村落建筑遗产的应保尽保。[②]

将古建筑上市交易是苏州市的传统做法，已经探索了20多年的时间。我国实践中，也有不少地方采用将农民的古建筑收归集体所有或者国家所有的方式，然后再进行上市流转。其中涉及的麻烦问题是，集体土地上的农村房屋为何能成为国家所有？仅仅对某座房屋及其宅基地进行征收吗？许多地方好像没有太在意其中的转换难题，直接把协商来的农民房屋挂牌销售。

除苏州之外，其他地方也有一些传统村落古建筑流转的尝试。比如2016年《浙江省人民政府办公厅关于加强传统村落保护发展的指导意见》规定：“鼓励采取村民自保、私保公助，产权转移、公保私用，认领、认养、认保等方式，加快形成多元化、社

---

① 根据苏州市文物局介绍，苏州市古村落较多的东山、金庭（西山）镇规定该行政区域内土地拍卖所得的60%，直接返还用于古村落保护。参见苏州市文物局2018年11月28日的总结：《苏州古村落保护利用的实践与探索》，https://www.sohu.com/a/278373932_488195，最后访问日期：2020年12月24日。其中提到的政府征地，应该有不少地块来自传统村落的农用地。

② 参见苏州市文物局2018年11月28日的总结：《苏州古村落保护利用的实践与探索》，https://www.sohu.com/a/278373932_488195，最后访问日期：2020年12月24日。

会化、转移性的传统村落保护机制。”其中提到产权转移，似乎是默许传统村落古建筑的流转。值得一提的是，《贵州省传统村落保护和发展条例》第三十一条规定：“传统村落村民所有的建（构）筑物依法出卖、出租、抵押、入股的，应当遵循自愿、公平、合法原则，并遵守本条例第二十九条第一款的规定。”似乎默认传统村落的古建筑可以进行出卖、抵押等各种交易，不过其中“依法”的宣示也可能只是面向未来的一种展望而已。

需要特别强调的是，传统村落的古建筑依然是农村房屋，尽管其改造使用受到各种限制，但照样是农民的住房保障。本书第一章所讨论的农村房屋转让时对出卖人居住条件保障的考虑，在此依然适用。如果古建筑的所有人只有古建筑这一套房屋，则不能允许其直接转让房屋，可以由村集体协调为其安置宅基地建造新房，同时协商古建筑归村集体所有，日后再考虑转让，也可以有其他灵活的安排，总之要保障出卖人的居住条件。

**（二）古建筑的出租**

与古建筑的转让相比，古建筑的出租没有什么法律障碍，现行法律并未限制农村房屋的出租，实践中各地古建筑出租一般都得到了认可。

关于农村房屋的出租，国家法律或者中央文件并无禁止性规定。不过，基于农村房屋旨在保障农民居住需求的考虑，农村房屋的财产属性长期以来被有意无意地忽略了、压制了。所以，在最近几年的宅基地“三权分置”改革中，不少地方将出租也作为“三权分置”中“使用权”的表现形式，给人一种国家法律禁止农村房屋出租，只有试点区域才可以出租的感觉。但就法律或者国家政策层面的规定来说，并没有法律禁止或者限制农村房屋的出租。相对于转让而言，出租不改变房屋的权属状况，而且期限通常比较短（最多不超过 20 年），不会从根本上影响农民的住房保障，应当允许农村房屋的出租。

在古建筑保护领域，为了引入社会资本参与古建筑的保护和利用，不少省市的地方性法规中都特别鼓励古建筑的出租等利用方式。《苏州市古村落保护条例》第 20 条第 3 款规定：“鼓励其他单位和个人采用出资、捐资、捐赠、设立基金或者租用古建筑等方式参与古村落保护和利用。”《金华市传统村落保护条例》第 18 条第 3 款规定：“鼓励、引导各类金融机构对传统村落保护项目提供信贷支持。鼓励、支持单位和个人以捐赠、投资、入股、租赁、提供技术服务等方式，参与传统村落保护和利用。”《台州市传统村落保护条例》第 30 条第 2 款规定：“鼓励单位和个人依法通过捐赠、投资、入股、租赁以及设立基金等方式，参与传统村落保护和利用。”在这些鼓励古建筑利用的各种措施中，古建筑租赁是最常见、最基本的利用方式。此外，《贵州省传统村落保护和发展条例》第三十一条规定“传统村落村民所有的建（构）筑物依法出卖、出租、抵押、入股的，应当遵循自愿、公平、合法原则，并遵守本条例第二十九条第一款的规定”，对于古建筑的租赁也持开放态度。

相对于古建筑的转让而言，古建筑的出租不那么受欢迎，原因正在于租赁关系不太稳定、租赁期限也不够长。古建筑的修缮、维护需要巨额的资金投入，古建筑的再利用项目开发（比如作为民宿、酒吧、茶馆、艺术演出中心、村落体验基地等）也需要长时间的宣传、经营，不太稳定的租赁关系会影响投资人对于未来的信心，从而影响古建筑的租赁市场。当然，实践中，也有不少地方通过古建筑租赁吸引了世界各类的新村民，开展丰富多彩的文创活动，让村庄恢复了生机与活力，比如福建屏南的龙潭村。[①]

需要说明的是，农村房屋的租赁经常伴随着对农村房屋的适度改造。就古建筑的租赁而言，古建筑内部的改造几乎是必不可少的。因为文物建筑保持原状不变的要求，文物建筑的再开发利用更加艰难。[②] 所以，实践中比较热门的网红古建筑项目，通常都是历史建筑或者一般的传统建筑。思量起来，《中华人民共和国文物保护法》重“保护”、轻“利用”，其对于文物建筑的利用限制过于严格，可以考虑进行适当调整。特别是尚未核定公布为文物保护单位的不可移动文物（文物保护点、未定级文物、一般不可移动文物），其历史价值与文化价值没有那么重大，保护的要求可以适当降低一些，应当允许在不改变建筑结构与房屋外观的情况下对内部结构进行谨慎的改造，否则开发利用的空间太小，客观上阻碍了文物建筑再利用的可能性，进而影响到文物建筑的保护。

## 二、古建筑的经营利用

### （一）古建筑的商业利用

我国法律向来不禁止农村房屋的经营利用。虽然从理论上说，农村房屋旨在保障农民的住房需要，其基本功能是作为住宅而不是作为经营用房[③]，但实践中都允许农民在保留农村房屋基本居住功能的同时，利用农村房屋开展各种经营活动，如农家乐、民宿等，在浙江不少地方甚至还默许农村利用房前屋后的空地建造厂房从事加工生产活动。[④]

就古建筑的经营利用而言，随着乡村旅游的兴起，不少古村落的农民开始探索各种经营利用项目，最常见的还是农家乐、民宿等，有些则探索与社会资本合作开展更有创意的一些项目。目前，中央文件和各地的地方性规范对传统村落古建筑的经营利用也持鼓励态度。《苏州市古村落保护条例》第 20 条第 2 款规定：“古村落的居民可以以其所有的古建筑、房屋、资金等入股参与古村落保护和利用。”《金华市传统村落保护条例》第 32 条第 3 款、第 4 款规定：“传统村落所在地农村集体经济组织可以利用传统建筑、自然资源、历史文化资源等发展文化创意、乡村旅游和传统手工业。鼓励、支持传统村落村民以传统建筑、资金入股等方式参与各项生产经营活动。”台州市的规定更有创意，《台州市传统村落保护条例》第 29 条第 1 款规定：“支持在传统村落内开展下列经营活动：（一）发展特色种植养殖、农产品加工、休闲观光、创意农业等；（二）发展现代服

---

① 参见《福建日报》2019 年 4 月 17 日报道《传统村落炼成“网红村”》，http://www.wenming.cn/wmcz2017/xf/201904/t20190417_5080414.shtml，最后访问日期：2020 年 12 月 27 日。

② 在金华，文物保护部门甚至认为，文物保护点不能用于经营，参见《钱江晚报》2015 年 3 月 12 日报道，《花百万修缮古建筑换 30 年使用权　真有人愿意干这事》，https://zj.zjol.com.cn/news/76501.html，最后访问日期：2020 年 12 月 19 日。

③ 参见宋志红：《中国农村土地制度改革研究：思路、难点与制度建设》，中国人民大学出版社，2017 年版，第 276 页。

④ 参见向勇：《中国宅基地立法基本问题研究》，中国政法大学出版社，2015 年版，第 124-125 页。

务业、电子商务、传统手工艺和文化创意产业等；（三）在符合使用安全的前提下，利用传统建筑开设传统作坊、传统商铺、中医中药馆、农家乐（民宿）、名家工作室等；（四）其他符合传统村落实际的经营活动。”

总体而言，古建筑的经营利用方式是多种多样的，既可以自己利用，也可以与社会资本合作利用，比如入股、出租等。在多数村落，尤其是大力发展旅游业的传统村落，古建筑进行商业开发利用的形式比较简单，主要是各种农家乐与民宿，也有一些地方开设酒吧、咖啡馆、纪念品商店、书画中心等相对格调较高的商业项目。

传统村落旅游开发中农民对古建筑的使用情况，可以通过北京门头沟的爨底下村和江西安义千年古村落中的罗田村进行说明。

在北京旅游开发非常成功的爨底下村，村民们几乎家家户户（总共 35 户，村民人数不足百人）开展各种农家乐、民宿等经营项目，个别村民则兼职做导游。爨底下村目前共有四合院和三合院 76 套，房屋 656 间，远远超过村民自身居住的需要，完全有足够的空间开展经济活动。不仅如此，多数村民还在附近的门头沟区购买房屋居住，位于爨底下村的老宅只是用于经营。爨底下村的旅游开发非常成功，“爨”文化远近驰名，很多北京市民乃至全国各地的游客甚至外国游人慕名前往爨底下村参观，感受古建筑，品尝农家饭，不少人还会选择留宿山区以体验不一样的生活。因为商业开发的成功，爨底下村民通常只是夏季以及夏季前后忙碌半年赚钱，冬天则是享受生活，附近村民都非常羡慕爨底下村的村民生活。图 4-14 至图 4-16 所示为北京门头沟的爨底下村部分实景照片。

图 4-14　北京门头沟的爨底下村（1）

图 4-15　北京门头沟的爨底下村（2）

图 4-16　北京门头沟的爨底下村（3）

相比之下，同样进行旅游开发的江西安义的罗田村稍微冷清一些（也许是因为冬天处于旅游淡季），其基本经营项目同样是农家乐、民宿（图 4-17 至图 4-21）。

图 4-17　江西安义的罗田村（1）

图 4-18　江西安义的罗田村（2）

图 4-19　江西安义的罗田村（3）

图 4-20　江西安义的罗田村（4）

图 4-21　江西安义的罗田村（5）

北京门头沟的爨底下村和江西安义的罗田村，所进行的都是比较传统、比较常规的旅游开发，主要是农民们自己经营。在一些传统村落，因为建筑师、艺术家的参与以及社会资本的投入，古建筑的利用方式有了更多的可能，出现许多比较新潮甚至时尚的民宿（乡村酒店），实现了古典与现代的结合，比如著名的松阳西坑村。

**（二）古建筑的文化利用**

与农民个人对古建筑的商业化利用不同，集体经济组织对古建筑的利用更多的是出于公益目的或者文化目的。对此，各地的传统村落保护法规中也不少的倡导性规定。如《金华市传统村路保护条例》第 33 条第 2 款规定："鼓励和支持单位、个人在传统村落内设立传统文化教育基地、博物馆、陈列馆、纪念馆和非物质文化遗产传习、展示场所，传承优秀传统文化。"《四川省传统村落保护条例》第 36 条规定："鼓励合理开发利用传统村落内的历史文化资源，在不破坏基本建筑结构的前提下，可以利用传统建筑作为村史馆、博物馆、传习所、社区书屋、文化站等场所，设立文化创意产业、传统技艺体验等基地，开展民俗文化活动，传承优秀传统文化。"《贵州省传统村落保护和发展条例》第 6 条第 2 款也有类似规定，"鼓励传统村落设立博物馆、村志馆、传习基地、陈列室、戏楼（台）等场所，开展授徒、展示、巡演、节庆等活动。"

如果传统村落要保留其宜居的状态，要有烟火气、生活气息，就不能只强调对古建筑的商业化利用，古建筑的文化利用也非常重要，而且很有价值。[①] 传统村落，可以利用古建筑进行文化展览、艺术表演、开会议事等各种活动，保留古建筑的利用价值，提升农民参与公共生活的满足感。近年来，不少古村落引入建筑师、艺术家进驻村落，通过"新村民"链接老村民，吸引更多的游人来到古村落，增加了古村落的工作机会与文化气息，让古村落真正"活"起来。[②]

当代中国，很多传统村落甚至是大都市周边的传统村落，都出现了严重的"空心化"，村里居住的主要是老人和孩子，孤独守望，几乎没有公共活动。图 4-22 所示为浙江萧山东山村的留守老人。

有些传统村落，如江西安义的罗田村、江苏无锡的严家桥（图 4-23 至图 4-24），传统村落中居民较多，人气比较足，可以开展一些传统的公众互动，如节目表演等。

也有个别传统村落，通过各种文创活动，实现了"文艺复兴"，如福建屏南县的龙潭村。

---

① 李华东特别强调对村落文化的传承，认为"最真不过烟火色"。参见李华东在古村之友与爱乡宝的线上课程："村落里的中国：最真不过烟火色"，http：//www.gucunzhiyou.com/? p=7179，最后访问日期：2020 年 12 月 27 日。

② 罗德胤多年推行"村里开大会"，通过将一些大型学术会议放在传统村落举办，提升了传统村落的关注度，改善了传统村落的基础设施，为传统村落古建筑的再利用探索出新的可能。参见搜狐网报道《罗德胤：探索以会议为导向的乡村振兴之路》，https：//www.sohu.com/a/405127248_215003，最后访问日期：2020 年 12 月 27 日。

图 4-22　浙江萧山的东山村金坞：守望的老人

图 4-23　江苏无锡的严家桥

图 4-24　江苏无锡的严家桥

## 三、古建筑的旅游开发

### （一）传统村落旅游开发的相关政策

许多时候，旅游开发是传统村落保护和利用的最佳方式。虽然人们也会抱怨旅游开发的过度商业化、破坏村民居住生活的原生态等，但在多数情况下，只有成功的旅游开发才能够筹集足够多的资金对传统村落的古建筑进行充分的、持续的修缮和维护。所以，很多保护传统村落的地方性规定对于旅游开发是支持的、倡导的。如 2020 年出台的《四川省传统村落保护条例》第 37 条规定："县级以上地方人民政府及其有关部门应当将传统村落保护发展纳入本级文化旅游发展规划，扶持有条件的传统村落发展康养、休闲度假、乡村旅游、乡村民宿、户外运动等相关产业，推动风景名胜区、旅游景点与传统村落旅游开发的衔接。"2017 年《贵州省传统村落保护与发展条例》第 43 条规定："县级以上人民政府及有关部门应当扶持有条件的传统村落发展乡村旅游，推动重点旅游景区建设与传统村落旅游开发有机衔接，在乡村旅游评级认定等方面对传统村落予以优先。"2016 年《江西省传统村落保护条例》第 39 条同样规定："传统村落作为旅游景区的，景区经营者应当与村（居）民委员会订立合同，约定收益分成、保护措施、禁止性行为等内容，保障集体经济组织和当地村（居）民的合法权益，并从旅游收入中提取一定的比例用于传统村落保护。传统建筑作为参观游览场所予以开放的，经营者应当与传统建筑所有人签订协议，约定收益分成、保护措施、禁止性行为等内容。"至于江浙一带，传统村落的旅游开发红红火火，政府对于传统村落旅游的重视与鼓励更是有目共睹。

与地方上对于旅游开发的高度重视、积极鼓励不同，中央文件对于旅游开发似乎抱有很大的忧虑，总是担心过度商业化。2014 年 9 月 5 日，住房城乡建设部等部委《关于做好中国传统村落保护项目实施工作的意见》第 8 条特别强调，“反对不顾现实条件一味发展旅游，反对整村开发和过度商业化”“严格控制商业开发的面积，尽量避免和减少对原住居民日常生活的干扰，更不得将村民整体或多数迁出由商业企业统一承包经营，不得不加区分地将沿街民居一律改建商铺，要让传统村落见人见物见生活。”2016 年，住房城乡建设部办公厅等部门又发布《中国传统村落警示和退出暂行规定（试行）》，其第 5 条第（五）项强调，传统村落“空心化极其严重，对村落活态传承造成严重影响的”，要予以警示；第 17 条第（二）项更是规定，“整村撤并的或整体迁出原住民后搞旅游景区景点整体经营开发的”，相关村落直接退出中国传统村落名录。

为了贯彻中央文件精神，也有不少省区市在地方立法中强调鼓励村民居住在传统村落，防止传统村落空心化。如《贵州省传统村落保护和发展条例》第 30 条第 1 款规定：“各级人民政府应当尊重传统村落村民的生活习惯和生产方式，改善传统村落生产生活条件，防止传统村落空心化、过度商业化。”《台州市传统村落保护和利用条例》第 29 条第 2 款规定：“鼓励传统村落村民在传统村落内居住，合理享有传统村落保护利用收益。”

**（二）传统村落旅游开发中村民权利的保障**

村民是村庄的主人，是传统村落的拥有者与传统文化的继承者，保护和利用古建筑必须尊重村民的意愿，维护村民的利益。无论是村民个人拥有的私家宅院，还是村集体所有的祠堂、学堂、牌坊、庙宇、古桥、古道、水口公园等公共设施，最终都属于村民享有，应当由村民对古村落和古建筑行使权利并享有利益。因为乡村的落后和村民的贫穷，村民无力维护古建筑而有赖于第三方介入，在此过程中必须始终牢记村民是传统村落的所有人，应当维护村民的正当权益。以下从村民的交易自主权、安宁生活权、保护古建筑的参与权、利用古建筑的收益权、在景区从事商业活动的权利五个方面进行说明。

1. 交易自主权

村民是自己房屋的所有人，有权决定古建筑的归属和利用，对古建筑享有交易自主权。此种交易自主权主要体现在两个方面：一是决定是否将古建筑出售；二是决定是否将古建筑用于旅游之类的商业开发。

（1）决定是否出售古建筑

本书导论中曾经说明，贫苦农民与奢华古建筑的捆绑结合是造成目前我国古建筑保护困境的根本原因。这一问题的产生有着复杂的历史成因，需要在平衡各方利益的前提下妥善解决，绝不能以保护古建筑为名对农民进行巧取豪夺。地方政府在与村民协商购买古建筑时，必须做到两点：第一，尊重农民的意愿；第二，对农民进行充分的补偿，解决农民的住房问题。目前在我国古村落保护实践中，一些地方效仿乌镇采取清空村民的办法对传统村落进行整体开发，个别地方政府以村民无力负担古建筑保护费用为由逼迫村民放弃古建筑的所有权，迫使村民搬迁至他处，迹近暴力拆迁，影响极其恶劣。国家购买村民的古建筑，目的在于求得改善村民居住条件与保护古建筑两全其美，不能打着保护古建筑的旗号进行商业开发。

（2）决定是否将古建筑进行商业开发

村民作为古建筑的所有人，有权决定是否将古建筑用于商业开发，进行何种形式的商业开发，与谁合作进行商业开发。实践中，许多地方政府擅自“为民做主”，未经村民同意即将传统村落的旅游开发权用作出资，引发巨大争议，不得不进行弥补与调整。乡镇政府或者县政府为招商引资，可以与外来企业签订合作协议对传统村落进行旅游开发，但必须经过村民的同意，至少要经过村民大会的同意，获得村民的授权之后才能进行对外招商引资。

2. 安宁生活权

村民有权按照符合传统的方式生活在自己居住的村子里，有权不被打扰地安宁生活。为了保护传统村落而进行的旅游开发必须征求村民的意见，取得村民的同意。同时，旅游开发的主体必须对村民安宁生活受到的影响进行补偿，按照村内居住人口每年支付一定数额的补偿费用。此种费用补偿的标准应当由旅游开发主体与村委会或者村民代表协商确定，并经村民大会表决通过，由村委会代表村民签订书面协议予以明确。此种补偿费用属于旅游开发主体的经营成本，无论旅游经营是否盈利，都应当向村民支付。当然，作为对价，村民也有义务支持村里的旅游活动，自觉维护村庄卫生，保持对游客的礼貌热情。

3. 保护古建筑的参与权

传统村落的古建筑属于全体村民的共同财富，其改动、利用应当由全体村民共同决定，每个村民都享有保护古建筑的参与权。实践中，旅游公司或者个别村干部可能擅自做主改变古建筑的结构，既违反《中华人民共和国文物保护法》等相关法律，也侵害了村民对古建筑享有的民事权利。

4. 利用古建筑的收益权

传统村落中的古建筑，要么属于村民个人私有，要么属于全体村民集体所有，所以村民应当享有开发利用古建筑所获得的收益。此种收益的计算需要根据古建筑的所有制来分别进行。集体所有的古建筑部分，应当扣除集体存留之后在村民之间进行平均分配，对困难户可以进行适当照顾。个人所有的古建筑部分，则需要准确评估相关古建筑的商业价值（比如旅游价值），根据不同古建筑的商业价值进行相应分配。评估古建筑的旅游价值，需要考虑多重，比如古建筑的历史文化价值、真实性、完整性、旅游吸引力、是否开门迎客等诸多因素。

5. 在景区从事商业活动的权利

如果传统村落开发为旅游景点，则村落成为景区，村民有权在景区开展民宿、农家乐、特色产品销售等商业活动。当然，村民有义务诚信经营，不影响正常的经营秩序，不损害旅游景点的名声。

# 余论

# 传统村落的未来

关于传统村落，人们寄托了太多的期待，希望传统村落的古建筑作为文化遗产而永久留存，希望传统村落的人们过上安然幸福的生活。[①] 按照中央文件的精神，传统村落要进行活态保护，要“见人见物见生活”。然而，这样的理想不太容易实现。

自从2012年住房城乡建设部、文化和旅游部、国家文物局、财政部等国家部委在全国范围内力推传统村落保护以来，中央到地方先后发掘、遴选、保护了6819个中国传统村落，并有成千上万的省级、市县级传统村落得到了确认和保护。9年来，中央发布了比较完整的传统村落保护的政策性文件，地方上也有不少高质量的传统村落保护法规，加上各级政府的财力支持与各地传统村落的规划保护，传统村落保护的基础框架已经搭建起来。相比10年前，传统村落快速消亡的趋势得到了有效遏制，传统村落保护已经取得了阶段性的胜利。按照住房城乡建设部村镇建设司的说法，传统村落保护基本实现了第一阶段的目标，未来的工作重心是复苏传统村落的活力。[②]

不过，传统村落未来的发展道路并不好走。新华社2014年对传统村落问题的梳理今天依然有效：“传统村落‘活态保护’，看上去很美，做起来却很难。钱从哪里来？产权如何认定？如何开发？如何满足农民需求？只有回答了这些问题，才能破解保护困境”。[③] 这些问题并不容易解决。缺钱是传统村落保护面临的最大问题，政府财力有限，社会资本不容易进入，旅游开发也存在着各种制约条件，并不是所有的传统村落都能够通过旅游开发走上致富之路。[④] 如果没有足够的财力，传统村落的古建筑保护与居住条件改善就成了无源之水。而国人热议的传统村落的“空心化”问题，几乎是不可避免、无法克服的难题，许多发达地区都市周边的传统村落都出现了空心化[⑤]，何况偏远地区的传统村落呢？笔者认为，保护传统村落，还是以保护传统村落的古建筑为首要任务，

---

① 参见冯骥才：《传统村落的困境与出路——兼谈传统村落是另一类文化遗产》，载《民间文化论坛》，2013年第1期。

② 参见《央广网》“中国农村之声”2017年12月3日报道《一个村给300万元财政支持！为什么这些村能拿到?》，https：//www. sohu. com/a/208234990 _ 800062，最后访问日期：2020年12月25日。

③ 参见新华社2014年10月31日报道《传统村落保护面临四大难题：看上去很美做起来很难》，http：//www. wenming. cn/xj _ pd/ssrd/201410/t20141031 _ 2266413. shtml，最后访问日期：2020年12月24日。

④ 就连传统村落旅游开发的领军地区黄山，也存在传统村落与全市大旅游的结合度不高的情况，开展旅游的传统村落集中在城市周边和景点沿线，稍微偏远一点的传统村落都不太容易开展旅游。参见程奕：《安徽黄山：关于传统村落集中连片保护利用的思考》，载《黄山日报》，2020年9月9日。http：//www. xxahapp. com/html/2020-09-09/79 _ 58900. html，最后访问日期：2020年12月25日。

⑤ 在广州增城的何屋村新围自然村，户籍人口1500人，长居于此的只有800人，村中青壮年劳动力普遍外出打工。参见中国文明网2015年11月3日报道《广州：探索传统村落新出路在发展中保护和活化传统村落》，https：//www. sohu. com/a/39483911 _ 118608，最后访问日期：2020年12月25日。

在条件允许的情况下尽可能通过旅游开发增加收入以更好地保护古建筑，至于旅游开发带来的过度商业化等问题，只能另外设法解决。

站在法律的角度，法律并不能直接解决现实生活中的经济社会发展问题，但是法律可以为问题的解决提供合适的法律框架与法律机制。如今，传统村落古建筑保护中面临两个基本矛盾：一是保护古建筑的要求与农民改善居住条件的需要之间的矛盾，二是古建筑修缮维护需要巨额资金而农民普遍没有财力修缮古建筑之间的矛盾。解决这两大矛盾，都有赖于法律制度的创新。解决古建筑保护与农民改善住房条件之间的矛盾，可以通过宅基地置换解除农民与古建筑之间的绑定关系，让农民在新的宅基地建造新房，从根本消除广大农民拆毁古建筑的原动力。解决古建筑修缮费用高昂与普通农民穷困的矛盾，根本出路还是推行古建筑的市场化，允许古建筑在全国人民之间的自由流转，允许所有人参与传统村落与古建筑的利用和开发。

传统村落的保护非常艰难。除了我国社会经济变迁的大背景之外，制约传统村落古建筑保护的难题主要来自法律的约束，现行法律强行将农民与古建筑捆绑在一起，是造成目前传统村落保护困境的根源。解决之道，在于打破农民与古建筑之间的捆绑关系，允许居住在古建筑中的农民另外获取宅基地建造新房（古建筑可以流转给村集体或者国家），允许闲置古建筑的所有权人将古建筑自由地转让、出租或者进行其他开发利用，可以在很大程度上解决传统村落的古建筑保护难题。

本书主题是传统村落保护中公共利益与私人权益之间的矛盾，本书研究的核心问题在于如何对古建筑的所有权人进行补偿。而本书最后给出的补偿方案，包括宅基地置换、古建筑转让等，很大程度上都属于解除古建筑与农民之间的法律绑定关系。这些补偿方案的推行，多数时候会导致农民离开了世代居住的古建筑，乃至离开了传统村落。笔者认为，允许古建筑宅基地置换或者允许古建筑流转，并不会造成传统村落的“空心化”。在古建筑宅基地置换的情形，古建筑的所有权人一般在村中空地或者村落周边建造新居，虽然没有生活在传统村落的核心保护区，但依然生活在整个大的村落中。在古建筑流转的情形，购买或者租用古建筑的人成为村落新的居民，其对古建筑的保护和利用会吸引更多的游人或者爱好者慕名来访，也会激励更多的村民参与古建筑的保护和利用，对于重聚古建筑的人气与活力具有重要的推动作用。

客观地说，我国改革开放 40 多年，大拆大建的时代已经基本结束了，未来是精细化发展、多样化发展的时代。习近平总书记说：“绿水青山就是金山银山”，传统村落及其古建筑在新时代的价值将会被越来越多的人们看到。随着返乡下乡创业的兴起，古建筑流转机制的革新，大量人才、资本投入到传统村落，古建筑的保护和利用的形式也在不断创新。目前，在政府机构、村落集体、传统村落农民、古建筑保护专家以及社会热心人士的协力之下，传统村落总体上是往好的趋势发展。假以时日，传承数百年的传统村落一定会涅槃重生，在 21 世纪的信息时代绽放新的华彩。

# 附录 1　古建筑保护类法律与规范文件名录

1.《中华人民共和国文物保护法》(1982 年颁布，2017 年修正)

2.《中华人民共和国文物保护法实施条例》(2003 年颁布，2017 年修订)

3.《历史文化名城名镇名村保护条例》(2008 年颁布，2017 年修正)

4.《风景名胜区保护条例》(2006 年)

5. 国家文物局《全国重点文物保护单位保护规划编制审批办法》(2004 年)

6. 国家文物局《全国重点文物保护单位保护规划编制要求》(2004 年)

7. 国际古迹遗址理事会中国国家委员会制定《中国文物古迹保护准则》(2015)

8. 住房城乡建设部《历史文化名城名镇名村街区保护规划编制审批办法》(2014 年)

9. 住房城乡建设部《历史文化名城名镇名村保护规划编制要求（试行)》(2014 年)

10. 住房城乡建设部发布国家标准《历史文化名城保护规划标准》(GB/T 50357—2018)

11. 文化部《世界文化遗产保护管理办法》(2006 年)

12. 建设部《城市紫线管理办法》(2004 年)

13. 2017 年 1 月 20 日国家文物局《关于加强尚未核定公布为文物保护单位的不可移动文物保护工作的通知》(文物保函〔2017〕75 号)

14. 2017 年 9 月 20 日《住房城乡建设部关于加强历史建筑保护与利用工作的通知》(建规〔2017〕212 号)

15. 2012 年 4 月 16 日《住房城乡建设部文化部国家文物局财政部关于开展传统村落调查的通知》(建村〔2012〕58 号)

16. 2012 年 8 月 22 日住房城乡建设部等部门《传统村落评价认定指标体系（试行)》(建村〔2012〕125 号)

17. 2012 年 12 月 12 日《住房城乡建设部 文化部 财政部关于加强传统村落保护发展工作的指导意见》(建村〔2012〕184 号)

18. 2013 年 9 月 18 日住房城乡建设部《传统村落保护发展规划编制基本要求（试行)》(建村〔2013〕130 号)

19. 2014 年 4 月 25 日《住房城乡建设部 文化部 国家文物局 财政部关于切实加强中国传统村落保护的指导意见》(建村〔2014〕61 号)

20. 2014 年 9 月 5 日《住房城乡建设部 文化部 国家文物局关于做好中国传统村落保护项目实施工作的意见》(建村〔2014〕135 号)

21. 2016 年 11 月 3 日住房城乡建设部办公厅等部门《中国传统村落警示和退出暂行规定（试行）》（建办村〔2016〕55 号）

22. 2020 年 5 月 11 日住房城乡建设部办公厅《住房和城乡建设部办公厅关于实施中国传统村落挂牌保护的通知》（建办村函〔2020〕227 号）

23. 2021 年 3 月 8 日《自然资源部 国家文物局关于在国土空间规划编制和实施中加强历史文化遗产保护管理的指导意见》（自然资发〔2021〕41 号）

24. 2022 年 4 月 14 日《住房和城乡建设部 财政部关于做好 2022 年传统村落集中连片保护利用示范工作的通知》（建村〔2022〕32 号）

# 附录 2　保护传统村落的地方性法规与政府规章名录

1.《安徽省皖南古民居保护条例》(1997 年颁布，2004 年修订)

2.《江西省传统村落保护条例》(2016 年)

3.《贵州省传统村落保护和发展条例》(2017 年)

4.《福建省历史文化名城名镇名村和传统村落保护条例》(2017 年)

5.《江苏省传统村落保护办法》(2017 年)

6.《四川省传统村落保护条例》(2020 年)

7.《北京历史文化名城保护条例》(2021 年)(取代 2005 年《北京历史文化名城保护条例》)

8.《山西省传统村落保护条例》(2021 年)

9.《苏州市古村落保护办法》(2005 年颁布，2013 年废止)

10.《苏州市古村落保护条例》(2013 年)

11.《黄山市古村落保护利用暂行办法》(2009 年颁布，2014 年修订)

12.《拉萨市古村落保护条例》(2015 年)

13.《信阳市传统村落保护条例》(2016 年)

14.《达州市传统村落保护与利用条例》(2017 年)

15.《玉林市传统村落保护条例》(2018 年)

16.《台州市传统村落保护和利用条例》(2018 年)

17.《金华市传统村落保护条例》(2019 年)

18.《丽水市传统村落保护条例》(2019 年)

19.《怀化市传统村落保护条例》(2019 年)

20.《广元市历史乡土建筑和传统村落保护办法》(2019 年)

21.《柳州市传统村落保护条例》(2019 年)

22.《湘西土家族苗族自治州传统村落保护条例》(2019 年)

23.《恩施土家族苗族自治州传统村落和民族村寨保护条例》(2019 年)

24.《宣城市传统村落保护条例》(2020 年)

25.《邢台市传统村落保护条例》(2021 年)

26.《鹤壁市传统村落保护条例》(2021 年)

# 参考文献


［1］ 费孝通．乡土中国［M］．北京：北京大学出版社，2017.

［2］ 苏力．大国宪制［M］．北京：北京大学出版社，2018.

［3］ 薛林平．建筑遗产保护概论［M］．2 版．北京：中国建筑工业出版社，2017.

［4］ 罗德胤．走读中国乡村［M］．北京：中国建材工业出版社，2019.

［5］ 吴良镛．中国人居史［M］．北京：中国建筑工业出版社，2018.

［6］ 胡彬彬，吴灿．中国传统村落文化概论［M］．北京：中国社会科学出版社，2018.

［7］ 阮仪三．遗珠拾粹：中国古城古镇古村踏察：一［M］．北京：中国出版集团，2018.

［8］ 阮仪三．遗珠拾粹：中国古城古镇古村踏察：二［M］．北京：中国出版集团，2018.

［9］ 陈志华．乡土漫谈［M］．北京：北京出版社，2018.

［10］ 陈志华，李秋香．乡土建筑遗产保护［M］．合肥：黄山书社，2008.

［11］ 陆元鼎，杨新平．乡土建筑遗产的研究与保护［M］．上海：同济大学出版社，2008.

［12］ 薛林平，潘曦，王鑫．美丽乡愁：中国传统村落［M］．北京：中国建筑工业出版社，2016.

［13］ 王思明，刘馨秋．中国传统村落：记忆、传承与发展研究［M］．北京：中国农业科学技术出版社，2017.

［14］ 李秋香，罗德胤，贺从容，等．福建民居［M］．北京：清华大学出版社，2010.

［15］ 李秋香，罗德胤，贾珺．北方民居［M］．北京：清华大学出版社，2010.

［16］ 吴正光，陈颖，赵逵，等．西南民居［M］．北京：清华大学出版社，2010.

［17］ 李秋香，罗德胤，陈志华，等．浙江民居［M］．北京：清华大学出版社，2010.

［18］ 李秋香，楼庆西，叶人齐．赣粤民居［M］．北京：清华大学出版社，2010.

［19］ 李树勋．小镇春秋：严家桥史话［M］．北京：方志出版社，2014.

［20］ 中共无锡市锡山区羊尖镇委员会，无锡市锡山区羊尖镇人民政府．拂尘露珠话辉煌：无锡历史名镇严家桥［M］．哈尔滨：黑龙江人民出版社，2006.

［21］ 王云霞．文化遗产法教程［M］．北京：商务印书馆，2012.

［22］ 李晓东．文物保护法概论［M］．北京：学苑出版社，2002.

［23］ 刘晓霞等．文物保护法通论［M］．北京：中国城市出版社，2006.

［24］ 王云霞．五国文物法制比较研究［M］．北京：文物出版社，2019.

［25］ 王云霞．文化遗产法：概念、体系与视角［M］．北京：中国人民大学出版社，2012.

［26］ 周其仁．城乡中国［M］．北京：中信出版社，2017.

［27］ 陆铭．大国大城［M］．上海：上海人民出版社，2016.

［28］ 文贯中．吾民无地：城市化、土地制度与户籍制度的内在逻辑［M］．北京：东方出版社，2014.

［29］ 刘守英．土地制度与中国发展［M］．北京：中国人民大学出版社，2018.

［30］ 温铁军．八次危机：中国的真实经验 1949—2009［M］．北京：东方出版社，2013.

［31］ 华生．新土改：土地制度改革焦点难点辨析［M］．北京：东方出版社，2015.

［32］ 贺雪峰．地权的逻辑Ⅲ：为什么说中国土地制度是全世界最先进的［M］．北京：中国政法大学出版社，2018.
［33］ 胡康生．中华人民共和国物权法释义［M］．北京：法律出版社，2007.
［34］ 卞耀武．中华人民共和国土地管理法释义［M］．北京：法律出版社，1998.
［35］ 鲍尔，施蒂尔纳．德国物权法：上册［M］．张双根，译．北京：法律出版社，2004.
［36］ 宋志红．中国农村土地制度改革研究：思路、难点与制度建设［M］．北京：中国人民大学出版社，2017.
［37］ 程雪阳．中国地权制度的反思与变革［M］．上海：上海三联书店，2018.
［38］ 向勇．中国宅基地立法基本问题研究［M］．北京：中国政法大学出版社，2015.
［39］ 张千帆．土地管理制度比较研究［M］．北京：中国民主法制出版社，2009.
［40］ 肖泽晟．公物法研究［M］．北京：法律出版社，2009.
［41］ 侯宇．行政法视野里的公物利用研究［M］．北京：清华大学出版社，2012.
［42］ 张杰．公共用公物权研究［M］．北京：法律出版社，2012.
［43］ 彭涛．管制性征收研究：以土地利用管制为中心［M］．北京：商务印书馆，2019.
［44］ 刘连泰，刘玉姿．美国法上的管制性征收［M］．北京：清华大学出版社，2017.
［45］ 李遐桢．我国地役权法律制度研究［M］．北京：中国政法大学出版社，2014.
［46］ 张鹤．地役权研究：在法定与意定之间［M］．北京：中国政法大学出版社，2014.
［47］ 宋志红．论农民集体与农村集体经济组织的关系［J］．中国法学，2021（3）：164-185.
［48］ 朱凤凯，张凤荣．我国不同阶段合村并居模式对比及启示［J］．广州土地科学，2015，14（5）：19-25.
［49］ 崔红志．合村并居动因、效果及相关建议［J］．中国发展观察，2020（26）：73-76.
［50］ 贺雪峰．"合村并居"一定要拆农民房子吗？［J］．决策，2020（6）：9.
［51］ 李兴宇．宅基地"三权分置"中的"使用权"：试点样态与法律设计［J］．新疆社会科学，2020（4）：69-77.
［52］ 高圣平．土地与建筑物之间的物权利用关系辨析［J］．法学，2012（9）：36-44.
［53］ 张双根．论房地关系与统一不动产登记簿册：兼及不动产物权实体法与程序法间的交织关系［J］．中外法学，2014，26（4）：925-955.
［54］ 魏华，戴孟勇．论宅基地使用权的转让［J］．法律适用，2014（10）：23-28.
［55］ 高圣平．宅基地制度改革政策的演进与走向［J］．中国人民大学学报，2019（1）：23-33.
［56］ 胡震．农村宅基地产权法律表达的70年变迁（1949—2019）［J］．中国农业大学学报（社会科学版），2019，36（6）：66-74.
［57］ 邓辉，张晓宁．宅基地使用权制度的现代化构建：体系与变革［J］．西部法学评论，2017，2：35-44.
［58］ 陈小君．宅基地使用权的制度困局与破解之维［J］．法学研究，2019（3）：48-72.
［59］ 韩松．宅基地立法政策与宅基地使用权制度改革［J］．法学研究，2019（6）：70-92.
［60］ 印子．宅基地使用权的法律属性辨析［J］．交大法学，2016，3：97-108.
［61］ 王卫国，朱庆育．宅基地如何进入市场：以画家村房屋买卖案为切入点［J］．政法论坛，2014，32（03）：92-99.
［62］ 刘双良，秦玉莹．农民阶层分化背景下宅基地流转与农民房屋保障联动的内在逻辑与传导路径［J］．农村经济，2020，1：32-38.
［63］ 程秀建．宅基地资格权的权属定位与法律制度供给［J］．政治与法律，2018（8）：29-41.
［64］ 孙建伟．宅基地"三权分置"中资格权、使用权定性辨析：兼与席志国副教授商榷［J］．政治与法律，2019（1）：125-139.

[65] 宋志红．宅基地“三权分置”：从产权配置目标到立法实现［J］．中国土地科学，2019（6）：28-36.
[66] 杨琛．城镇居民可否继承超面积的宅基地［J］．中国土地，2020（6）：59.
[67] 齐恩平，孙一君．非集体成员继承农村房屋引发的权利冲突及其化解［J］．天津法学，2020，1：5-10.
[68] 庞瑶．三权分置下宅基地资格权继承的制度构建［J］．湖北经济学院学报（人文社会科学版），2020，5：70-73.
[69] 刘露．解释论视角下宅基地使用权的继承性研究［J］．华东政法大学学报，2019，22（1）：133-143.
[70] 张建文，李红玲．宅基地使用权继承取得之否定：宅基地“法定租赁权”的解释路径［J］．河北法学，2016，34（12）：28-39.
[71] 喻文莉．宅基地置换补偿的现实图景与制度回应：基于地方规范性文件的分析［J］．南京农业大学学报（社会科学版），2019（6）：119-129，160.
[72] 冯骥才．传统村落的困境与出路：兼谈传统村落是另一类文化遗产［J］．传统村落，2013，1：7-12.
[73] 秦红岭．建筑遗产保护伦理初论［J］．北京建筑大学学报，2016（3）：16-20，28.
[74] 张成渝．“真实性”和“原真性”辨析［J］．建筑时报，2010（S2）：55-59.
[75] 王璐．溯源与新解：论文物古迹“原状”［J］．东南文化，2018，2：6-12.
[76] 高天．中国“不改变文物原状”理论与实践初探［J］．建筑史，2012（1）：177-184.
[77] 郭华瑜，谢小凤．南京明孝陵方城明楼保护设计：兼论中国文物建筑保护中的真实性原则［J］．建筑与文化，2008，12：83-87.
[78] 王运良．文物保护单位再认识［J］．中国文物科学研究，2008（3）：62-64.
[79] 梁骄阳．中英古建筑保护制度比较研究［J］．沈阳工业大学学报（社会科学版），2014，7（3）：193-200.
[80] 王涛．文物保护单位保护规划中保护范围和建设控制地带的划定和分级［J］．东南文化，2010，2：23-26.
[81] 师磊．文保单位保护范围与建设控制地带划定问题探讨［N］．中国文物报，2019-5-28（003）.
[82] 董云慧．关于文物保护单位保护区划的几点思考［J］．文物鉴定与鉴赏，2021（12）：97-99.
[83] 姚糖，蔡晴．历史文化名村名镇的保护区划［J］．中国名城，2010，5：45-49.
[84] 陈蔚，陈全慧．历史建筑保护“外观保留”模式探析［J］．福建建筑，2012，12：23-26.
[85] 李登月，王军．我国历史建筑保护制度回顾与现状问题探析［J］．当代建筑，2020（9）：133-136.
[86] 贾丽奇，郭华敏．《实施世界遗产公约的操作指南》中关于“缓冲区”条款的修订解读［J］．规划师，2015，31（Z2）：42-45，49.
[87] 王晓．世界遗产保护中缓冲区的作用研究：以良渚遗址为例［J］．中国文化遗产，2020，（6）：58-66.
[88] 金沁，曹永康．国外文化遗产“周边环境”保护理论对国内文物保护范围划定的借鉴意义［J］．华中建筑，2015，7：22-25.
[89] 朱维究，孟庆武．行政公物基础理论研究［J］．学术界，2019（7）：133-142.
[90] 王洪平，房绍坤．论管制性征收的构成标准：以美国法之研究为中心［J］．国家检察官学院学报，2011，19（1）：140-147.
[91] 张舜玺，马作武．公益与私益之间：论文物保护法的价值取向：以非国有不可移动文物保护

为例［J］．法学评论，2013，5：62-67.
［92］ 王云霞，胡珊辰．公私利益平衡：比较法视野下的文物所有权限制与补偿［J］．武汉大学学报（哲学社会科学版），2015，68（6）：101-110.
［93］ 石磊．传统村落整体性保护的法治基础：写在《文物保护法》修订征集公众意见之际［J］．华北电力大学学报（社会科学版），2020（3）：96-103.
［94］ 周刚志，曾容．论我国传统村落保护立法：理据、现状与体例［J］．邵阳学院学报（社会科学版），2021，2：47-54.
［95］ 任超．宗教活动场所不可移动文物的法律保护：以公法义务为中心［J］．中国文物科学研究，2020，9：25-28.
［96］ 洪善伦．非国有不可移动文物保护中的物权问题［J］．赤峰学院学报（汉文哲学社会科学版），2012，7：54-55.
［97］ 胡大伟．准征收视域下私人不可移动文物财产权的公法限制与补偿［J］．常州大学学报（社会科学版），2018，19（5）：42-49.
［98］ 孙凌．论财产权的“变相夺取”及其救济：以《杭州市历史文化街区和历史建筑保护办法》第26条为分析原型［J］．法治研究，2007，8：51-56.
［99］ 张国超．我国私人不可移动文物所有权限制与补偿研究［J］．东南文化，2018，4：6-11.
［100］ 林旭霞，王芳．历史风貌建筑的权利保护与限制：以公共地役权为解决方案［J］．福建师范大学学报（哲学社会科学版），2012，3：40-47.
［101］ 蔡立东，杨晔，刘国栋．历史建筑保护的物权法进路［J］．山东社会科学，2014，3：65-69.
［102］ 沈海虹．美国文化遗产保护领域中的地役权制度［J］．中外建筑，2006，2：52-54.
［103］ 周颖．私有不可移动文物保护的补偿问题研究［J］．惠州学院学报（社会科学版），2018，38（2）：88-92.
［104］ 梁岩妍，王小芳．比较法视野下的文化遗产私人财产权法律保障模式研究［J］．石家庄铁道大学学报（社会科学版），2019（2）：90-95.